Frank Battermann

Und es war wieder Freitag

Impressum:
Und es war wieder Freitag
von Frank Battermann

Umschlaggestaltung von © Farbenmelodie
unter der Verwendung:
Bilder: © Pixabay/44833,
© Pixabay/splitshire,
© Fotolia/detailblick-foto
Schrift: © 1001fonts.com/Astigmatic One
Eye Typographic Institute

Zusammenstellung: Carsten Christier
Überarbeitung: Yvonne Pioch

Herstellung und Verlag:
BoD – Books on Demand, Norderstedt
ISBN: 978-3-7386-1970-6

Vorwort

Hallo! Schön dass Du dieses Buch zur Hand genommen hast. Es ist mein Erstlingswerk mit dem Namen „Und es war wieder Freitag". Warum es gerade so heißt, verrate ich Dir ein wenig später. Ich hoffe, es ist ok, dass ich Dich hier einfach so duze. Da ich auf den nächsten Seiten von meiner Geschichte des letzten Sommers erzähle und Dich in mein Leben mitnehme, dachte ich mir, es wäre in Ordnung, zwischen Dir und mir diese Hürde abzubauen und Dich wie einen neu dazugewonnenen Freund zu begrüßen.

Die erste wichtige Frage, die man sich vielleicht stellt, ist: „Warum hast du überhaupt dieses Buch geschrieben?". Und ja, ich habe mich immer wieder selbst gefragt: Warum gehst du diesen Schritt?

Es gab innerhalb der Geschichte eine Woche, in der ich, um mir das Ganze von der Seele zu schreiben, eine Facebook-Gruppe gründete und dort täglich die Ereignisse niederschrieb. Nach kurzer Zeit kamen erste Kommentare wie: „Wie krass, daraus solltest du 'n Buch machen" oder „Schreibst du morgen wieder weiter? Ich hab alles in einem Rutsch durchgelesen und konnte nicht mehr aufhören. Es ist wie 'ne Soap.".

Nach einer Bedenkzeit und Rücksprache mit meinem besten Freund Carsten aus Hamburg entschloss ich mich dann dazu. – Ok Frank, du schreibst nun also dein erstes Buch. In erster Linie tue ich es, um die Ereignisse der letzten Monate zu verarbeiten. Denn das, was in so kurzer Zeit passierte, hat nicht nur mein

Leben von heute auf morgen verändert, es wird auch das Morgen und Übermorgen verändern. Nach diesem Sommer wird nichts mehr so sein, wie es einmal war. Da es mir in diesem Buch zu keinem Zeitpunkt darum geht, jemanden bloßzustellen, zu kränken, mich zu rächen oder Ähnliches, habe ich alle Namen und Daten zum Schutz der Persönlichkeits-
Rechte abgeändert.

Ansonsten ist mir die Geschichte genauso passiert. Und ich denke, dann sollten wir nun auch beginnen – mit meiner Geschichte des letzten Sommers.

Gruß

Frank Battermann

Freitag, der 27.06.14

Drei Monate war ich nun von meiner Frau getrennt. Und es war drei Tage vor meinem Umzug nach Emden mit meinem Sohn. Kopfmäßig war ich schon lange in der neuen Wohnung. Ich wollte endlich mit dieser zerbrochenen Ehe abschließen und mich nur noch auf meinen Sohn und mich konzentrieren. An diesem Freitagmorgen installierte ich mir eine Single-App, die übers Netz beworben wurde. Single-App? Nein, ich war ganz und gar nicht auf der Suche nach einer Beziehung oder nach etwas Festem.

Ich war nach elf Jahren wieder Single und wollte einfach neue Menschen kennenlernen, mich austauschen und vielleicht auch ein wenig flirten. Gedacht, getan. Ich war erst ein paar Minuten in dieser App unterwegs und schon fiel mir eine Frau auf. Kristin hieß sie, 30 Jahre alt war sie und aus dem tiefen Süden kam sie.

Original-Chat vom 27.06.14:

„Guten Morgen, ich lass mal schnell liebe Grüße da."

Ich konnte es kaum glauben, aber wenige Minuten später antwortete sie.

Kristin: „Guten Morgen, sonnige Grüße aus Augsburg zurück."

Frank: „Danke! Augsburg ist schön, meine Cousine wohnt in der Nähe. Was machst du gerade Schönes?"

Und schon waren wir mitten im Gespräch.

Kristin: „Ja, Augsburg ist schön. Nicht zu groß, nicht zu klein. Ich hocke in der Arbeit und sollte eigentlich arbeiten."

Frank: „Oh, und ich lenke dich ab! Was arbeitest du denn?"

Kristin: „Hmm ... ein bisschen! Ich bin Beamtin, aber ich hätte schon genug Arbeit."

Frank: „Oh Mann, jetzt machst du mir voll das schlechte Gewissen ... Hast du um 12 Uhr frei? Ich stecke gerade mitten im Umzug!"

Kurze Zeit später antwortete sie wieder.

Kristin: „Du brauchst kein schlechtes Gewissen zu haben. Am Montag ist wieder ein Arbeitstag. Ich denke, ich werde so gegen 14 oder 15 Uhr aufhören. Oh, Umzug ... Dann hast du ja auch viel zu tun. Wohin geht's?"

Frank: „Hmm ... nur 20 Kilometer weiter, aber ich bin so froh, hier endlich 'rauszukommen. Es wird Zeit, ein neues Leben zu beginnen und dazu gehört auch, Menschen hinter sich zu lassen, die einem nicht gut tun."

Kristin: „Das hört sich nach einem Neuanfang an. Da ist eine neue Wohnung natürlich ein guter Anfang! Du sprichst von deiner Frau bzw. Ex-Frau? Wenn ich zu neugierig bin, dann sag's einfach."

Frank: „Du kannst gerne fragen! Ja, ich hab' mich vor drei Monaten getrennt, nach elf Jahren und wegen der Kündigungsfrist musste ich jetzt noch in der Wohnung bleiben, aber in drei Tagen ist alles anders. Wie lange bist du denn schon Single?"

Kristin: „Oh, die drei Monate waren bestimmt hart. Dann ist es ja wirklich ein erlösender und erfreulicher Umzug. Ich muss gestehen, dass ich kein Single bin! Bin verheiratet!"

Frank: „Ah, okay ... na ja, ich ja auch. Sie war fremdgegangen und ich kann die Art und Weise einfach nicht verzeihen. Bist du glücklich in deiner Ehe?"

Kristin: „Ich bin mit meinem Mann seit über fünf Jahren zusammen, seit einem halben Jahr sind wir jetzt verheiratet und ich kann sagen, dass ich zur Zeit nicht richtig glücklich bin. Aber auf und ab gibt's immer, nur im Moment ist es sehr anstrengend. Wie lange wart bzw. seid ihr verheiratet von euren elf Jahren?"

Frank: „Wir sind jetzt im achten Jahr. Das verflixte siebte haben wir gerade noch 'rumgekriegt. Warum bist du unglücklich?"

Kristin: „Das in Worte zu fassen ist schwer. Wir streiten zur Zeit sehr viel, auch über alltägliche Kleinigkeiten. Das macht einfach echt mürbe. Habe mich auch dabei erwischt, dass ich froh darüber bin, wenn er geschäftlich weg ist. Habe gesehen, du bist auch Zwilling."

Frank: „Ja, das hab' ich auch gleich gesehen. – Dieses Gefühl und auch die Streits, die kenne ich nur zu gut. Ich hab irgendwann einfach festgestellt, dass wir nicht zusammenpassen, da wir viel zu verschieden sind. Sie ist in so vielen Dingen ganz anders als ich. Ich bin spontan, romantisch, gefühlvoll. Ich möchte meine Liebe zeigen, habe Spaß am Sex. All das trifft bei ihr nicht zu."

Kristin: „Ja, deine Beschreibung trifft auch gut auf mich zu. Das mit ‚Liebe zeigen' versteht meiner auch nicht und ich finde es wirklich wichtig. Ich glaube nur, dass wir Zwillingsmenschen nicht leicht sind, obwohl wir denken, selbst total unkompliziert zu sein."

Frank: „Ja, leicht sind wir weiß Gott nicht, aber ehrlich und offen. Ich mag einfach keine Partnerin mehr an meiner Seite haben, die mir nicht sagt, wenn es ihr gut, aber auch schlecht geht und glaub mir: In elf Jahren habe ich viel Geduld gezeigt, Dinge ausprobiert und mir selbst die Schuld gegeben, doch das ist nun vorbei.

Kristin: „Ach übrigens: Wenn wir nun schon über solche privaten Sachen schreiben: Ich heiße Kristin."

Frank: „Hey Kristin, schön mit dir zu sprechen. Ich heiße Frank."

Kristin: „Hey Frank, kann ich nur zurückgeben, schön mit dir! Hast du denn gerade Urlaub für deinen Umzug?"

Frank: „Nur falls du es überlesen haben solltest, ich hatte weiter oben noch was geschrieben.

Ja, bis Ende nächster Woche, zum Glück!"

Kristin: „Du Glücklicher, ich hatte letzte Woche Urlaub und war am Gardasee, bin dann jetzt 'mal eine halbe Stunde in der Mittagspause und wenn du magst, meld' ich mich danach wieder.

Und nein, ich habe nichts überlesen, aber dazu schreibe ich noch was."

Frank: „Okay, dann lass es dir schmecken und ich würde mich freuen, danach wieder von dir zu lesen. Bis nachher."

Nach etwa einer halben Stunde setzten wir die Unterhaltung fort.

Kristin: „So, hier bin ich wieder. Nicht mehr lange und dann ist Wochenende. Bist du schon fleißig am Kisten Einpacken oder schon wieder am Auspacken? Ich bin jetzt mal ehrlich, du und deine Frau, ihr habt es schon ganz schön lange zusammen ausgehalten. Es liest sich, als ob ihr total unterschiedlich seid. Ihr habt Kinder, wie deine Bilder vermuten lassen?"

Frank: „Hey, schön, dass Du wieder da bist. Nein, am Einpacken. Ich ziehe am Montag um. Drei Tage muss ich noch durchhalten."

Kristin: „Dann ist es ja wirklich nicht mehr lange. Halte durch! Und? Hast du eine schöne Wohnung gefunden?"

Frank: „Ja, total schön. Ich wollte auf jeden Fall eine mit Badewanne und Balkon. Es ist nicht mehr lange, aber es nervt total, verstehst du das?

Hattest du Bedenken, ob die Heirat richtig war, damals? Also ich meine, ob du dir kurz vorher unsicher warst?"

Kristin: „Ich kann dich total verstehen, dass du aus dem gemeinsamen Leben und aus der gemeinsamen Wohnung 'raus willst. Wenn du nichts mehr an dem anderen findest, ist es immer besser, zu gehen. Da ist so eine aufgezwungene Zeit der Horror. Wollte sie auch die Trennung?

Hmm ... gute Frage! Ich war eigentlich nie der Mensch, der unbedingt heiraten und Kinder haben muss, um glücklich zu sein. Jetzt bin ich verheiratet. Zweifel? Kommen jetzt ab und zu auf, davor eigentlich nicht!"

Frank: „Ja, da sie ja fremdgegangen war und mit ihm auch zusammenzieht, wollte sie es auch, aber es hätte für mich auch keine weitere Chance für sie gegeben. Es war schon zwei Jahre Thema mit der Trennung und sie hat mir nun einen Grund geliefert, um es durchzuziehen. Würdest du dein Gefühl für ihn nicht als wahre Liebe bezeichnen?"

Kristin: „Zwei ganze Jahre habt ihr schon über die Trennung nachgedacht? Irre lang, aber sie ging noch nicht so lange fremd, oder? Wahre Liebe, was ist das genau? Für jeden wahrscheinlich etwas anderes.

Ich bin mal direkt! Beim Hobby steht bei dir Knutschen. Du küsst also gerne? Finde ich genial."

Frank: „Nein, Fremdgehen war vor drei Monaten das erste Mal, aber es stimmte schon vorher einiges nicht. Es endete halt in diesem Ausbruch, obwohl ich die Jahre eher einen Grund zum Fremdgehen gehabt hätte.

Ja, ich liebe das Küssen. Und für eine gute Beziehung muss man auch beim Küssen harmonieren. Außerdem ist es das beste Vorspiel, oder?"

Kristin: „Ja, ich bin genau der gleichen Meinung, was das Küssen angeht.

Aber dann denke ich, dass ich keine gute Beziehung habe, meiner ist nämlich ein Kussmuffel und harmonisch ist dann da auch nichts. Ja, und es ist wirklich das beste Vorspiel, wenn ‚Mann' es kann."

Frank: „Ja, küssen drückt so viel Gefühl und Leidenschaft aus und das auf so viele verschiedene Arten. Meine Frau ist auch ein Kussmuffel und ebenso ein

Sexmuffel und ein Kuschelmuffel. Ach, frag mich bloß nicht, wie ich das elf Jahre ertragen habe. Und ich hasse es total, zu streiten. Ich versuche lieber, nachzugeben und einen Kompromiss zu finden, aber sowas ermüdet auch schnell, wenn es nur von einer Seite kommt."

Kristin: „Ich hasse auch Streit, versuche auch jedem aus dem Weg zu gehen, aber ich kann auch schon 'mal ein Biest sein und Streit anzetteln. Du hörst dich ja fast nach einem Traummann an. Wo ist der Haken? Was sind deine Macken?"

Frank: „Gute Frage, so große Macken habe ich, glaube ich, gar nicht. Ich hoffe, das klingt jetzt nicht so arrogant, aber ich rauche nicht, trinke wenig, bin kein Biertrinker, bin nicht aggressiv und wenn ich liebe, dann mit Haut und Haaren. Dann würde ich alles für sie und uns tun, aber kleine Macken habe ich bestimmt. Und du?"

Kristin: „Nein, das hört sich nicht arrogant an, sondern nur zu perfekt.

Gibt es dich vielleicht noch 'mal im Süden von Deutschland?

Ich denke von mir, dass ich eigentlich nicht kompliziert bin. Mein Mann sagt, dass ich es bin.

Bin einfach harmoniesüchtig und mag es damit allen recht machen, ansonsten bin ich ein typischer Zwilling."

Frank: „Wenn ich manchmal so höre, wie Männer mit ihren Frauen umgehen, glaube ich schon, dass ich mich ein wenig abhebe. Aber ich finde mich gar nicht so besonders, sondern denke eher, dass es normal sein sollte. Das Einzige, was mich beschäftigt, ist, dass mein

Selbstbewusstsein beim Thema Aussehen nicht das beste ist. Na ja, so hat halt jeder was."

Kristin: „Ja, so hat jeder seine kleineren oder größeren Probleme, mit denen er klarkommen muss.

Willst du denn gleich wieder eine Beziehung oder erst einmal Pause von den Frauen?"

Frank: „Das ist ganz komisch. Ich bin generell nicht verbittert und sage, dass ich die Schnauze voll habe. Ich glaube aber, ich würde besser prüfen, ob wir zusammenpassen. Aber wenn es wirklich die Richtige sein sollte, dann wäre ich auch offen für etwas Festes, irgendwann auch für eine Ehe oder ein gemeinsames Kind.

Aber das sind alles Dinge, die weit in der Zukunft liegen. Doch ich habe, wenn ich die Dinge über dich lese – was dir wichtig ist – auch das Gefühl, dass es bestimmt gut harmonieren würde. Komisch, das zu jemandem zu sagen, den man eigentlich nicht kennt, oder?"

Kristin: „Ich weiß ganz genau, was du mit dem letzten Satz meinst. Mir geht es da auch ein bisschen so. Du schreibst die Dinge, die ich mir denke und für eine Beziehung auch wünschen würde, aber ich muss auch gestehen, dass ich wirklich zwei Gesichter habe. Typisch für unser Sternzeichen. Ist nicht immer gut für mich und meine Umwelt."

Frank: „Aber da ich ja auch Zwilling bin, weiß ich, was du meinst und ich glaube, es erhält eine Beziehung auch spannend."

Kristin: „Ja, kann sein. Kann es sein, dass du ein ziemlich positiver Mensch bist? Aus deinen Worten lese ich irgendwie keine

Verbitterung oder Ähnliches."

Frank: „Nein, bin ich auch nicht. Deshalb hat es wohl auch elf Jahre gedauert, weil ich immer die Hoffnung hatte, dass alles gut wird. Freunde sagten mir, dass sie nicht so lange gewartet hätten. Aber ich wollte halt kämpfen und habe auch die Hoffnung, dass irgendwo die Richtige wartet, die vielleicht dasselbe durchmacht und den nächsten Partner, der anders ist, zu schätzen weiß."

Kristin: „So, Feierabend, Schluss für die Woche."

Frank: „Oh, wie schön. Ich hab mal eine Frage, Kristin. Wenn du es nicht möchtest, ist es vollkommen okay, aber ich frag mal: Magst du über WhatsApp weiterschreiben? Hier dauert es so ewig lange."

Kristin: „Gerne! Hier ist meine Nummer. Schreib mir! Bin gerade im Auto."

Wenn ich diesen ersten Chat wieder lese, bekomme ich direkt Gänsehaut und ein unglaubliches Ziehen in der Magengegend.

Ich konnte zu diesem Zeitpunkt allerdings nicht ahnen, wohin das alles noch führen sollte.

Kurz bevor sie in den Feierabend ging, fragte ich Kristin also, ob wir über WhatsApp weiterschreiben wollen. Und sie sagte: „Ja, das können wir gerne tun". So texteten wir den Abend über.

An diesen ersten zwei Tagen hatte ich ein komisches Gefühl. Ich sah in der App ihre Fotos und sie gefiel mir so hammer gut. Sie brachte rein äußerlich all das mit, was mir gefiel. Sie war 1,75 m groß, hatte wunderschöne braune schulterlange Locken und wahnsinnig braune Augen. Sie war kein abgemagertes Model. Sie hatte Kurven und Rundungen, aber genau an den richtigen Stellen. Würde mich der Bäcker meines Vertrauens fragen, wie er mir meine Traumfrau backen sollte, er würde von mir das Rezept von Kristin bekommen.

Umso verunsicherter wurde ich. War sie echt? Oder war das in der App ein Fake-Profil? Man hat sowas ja schon öfter gehört.

Samstag, 28.06.14

Den Tag über war ich in Aurich und Emden unterwegs. Ich hielt mich in der neuen Wohnung auf und renovierte sie.

Noch zwei Tage bis zum Umzug.

Kristin und ich schrieben immer wieder miteinander. Wir lagen mit dem, was wir äußerten, auf einer Wellenlänge. Schnell fühlte es sich so an, als würden wir uns schon sehr lange kennen.

Irgendwann gegen Mittag schickte sie mir ein Foto von sich und ich hatte direkt ein verträumtes Lächeln im Gesicht. Und sie sah noch bezaubernder aus als auf den Fotos aus der App. Wieder kam in mir der Gedanke hoch, ob es sie wirklich gab, ob sie echt war?

Ich fragte sie am späten Nachmittag: „Was machst du gerade und wo bist du?". Sie schickte mir ein Foto aus dem Auto. Sie war unterwegs, Einkäufe erledigen. Auf dem Foto schaute sie recht ernst und ich sah meine Chance und schrieb ihr: „Du guckst aber ernst. Magst du mir aus dem Auto noch eins mit 'nem Lächeln schicken?". Und prompt kam es. Jetzt konnte ich mir also sicher sein: Kristin war echt. Sie war wunderschön und irgendwie hatte sie mich mit ihrer ganzen Art total verzaubert.

Es war Samstagabend. Irgendwie ergaben sich immer wieder Zeitfenster, in denen wir schreiben konnten. Ich saß neben meiner Ex-Frau am anderen Ende der Couch vor dem Fernseher. Wir erzählten uns viele Dinge aus unserem Leben und somit erfuhr ich auch noch mehr aus ihrer Ehe.

Sie war seit fünf Jahren mit ihrem Mann Thomas zusammen, aber erst seit acht Monaten verheiratet. Es kristallisierte sich heraus, dass sie schon vor der Ehe unglücklich war und sie ihm nicht mit einem 100-prozentig sicheren Gefühl das Ja-Wort gegeben hatte. Er war ein sehr dominanter Mensch, gab gern den Ton an und ließ keine Wiederworte zu. Wenn beide unterwegs waren, trug er sie auf Händen und spielte den perfekten Partner. Wenn sie aber allein waren, dann kümmerte er sich nicht um sie. Es wurde viel gestritten und er sagte, was sie zu tun hatte. Natürlich hatte sie ihm dies auch schon oft gesagt – und dass sie es so nicht wollte. Als Antwort kam für gewöhnlich: „Kristin, so bin ich halt und damit wirst du leben müssen".

Warum hatte sie ihn dann überhaupt geheiratet?

Das erklärte sie mir einmal so:

„Wir waren einige Jahre zusammen und hatten uns mit Haus, Autos und Job etwas aufgebaut. Im Freundeskreis fingen sie auf einmal alle an zu heiraten. Und dann kamen immer wieder diese Fragen: ‚Na, wann ist es denn bei euch so weit?' Und irgendwann sagte ich mir: ‚Warum denn eigentlich nicht?'."

Ich hörte aus jedem ihrer Sätze heraus, dass sie nicht aus tiefster Liebe geheiratet hatte, sondern weil das Materielle stimmte und die Hoffnung da war, dass alles vielleicht wieder besser werden würde – eventuell mit einer Ehe und eventuell irgendwann mit einem Kind.

Eine Geschichte hat mich besonders berührt.

Sie erzählte mir vom Tag ihrer Hochzeit. Sie hat, wie gesagt, braune, wunderschöne, lange Locken. An diesem besonderen Tag ging sie morgens zum Friseur und ließ sich ihre Haare glätten. Als sie nach Hause kam, begrüßte er sie mit den Worten: „Ist das dein Ernst? Musste das mit dem Glätten sein? Das sieht nicht gut aus!". Ich glaube jeder kann sich vorstellen, wie sich eine Braut an diesem Tag fühlt, wenn man sich für seinen Mann besonders hübsch machen will. Sie hatte mir das Foto von diesem Tag geschickt und sie sah traumhaft schön aus. Wäre sie meine Braut gewesen, ich wäre der glücklichste Mann auf Erden gewesen.

Durch seinen Job war ihr Mann oft unterwegs, auch tagelang am Stück. Kristin hatte sich mit der Zeit damit arrangiert und nutzte diese, wenn sie allein war.

Auch der Sex war mehr als schlecht. Denn hier war er ebenfalls Egoist und versuchte immer wieder, sie zu Dingen zu überreden, die sie nicht wollte. Auch dies führte zwangsläufig zu einer Entfremdung.

Uns war schnell klar, was wir in einer Beziehung vermissten und was wir uns wünschen würden. Es war ein unsichtbares Band, das sich um uns beide legte. Wir schienen wie füreinander gemacht zu sein.

An diesem Samstagabend sprachen wir also auch etwas ausführlicher über die Dinge, die uns fehlten und nach denen wir uns sehnten.

Es lag ein Knistern in der Luft und ich spürte, dass sie nicht nur mein

Herz berührte, sondern dass ich auch eine unheimliche Lust auf sie hatte – Lust, sie zu küssen, zu berühren und zu spüren.

Während dieses Abends kam es auch dazu, dass wir das erste Mal erotische Fotos austauschten. Aber sie blieben an diesem Abend sehr jugendfrei und ließen der Fantasie viel Spielraum.

Ich merkte aber schon an diesem zweiten Tag, dass „sich schreiben und mal ein Foto schicken" ganz schön ist, ich aber unheimlich gerne mit ihr telefonieren würde. Ich wollte wissen, wie ihre Stimme klang.

Somit nahm ich allen Mut zusammen und fragte sie: „Kristin? Ich überlege schon die ganze Zeit, ob ich dich das fragen soll. Was soll's, nun mach ich es einfach. :) Ich würd unheimlich gern deine Stimme hören und ein wenig mit dir sprechen. Hast du Lust, zu telefonieren?"

Und sie sagte: „Ja, ich weiß nicht genau warum, aber auch ich würde unheimlich gern deine Stimme hören. Lass uns doch morgen Abend telefonieren." Ich fragte sie, ob das mit ihrem Mann ein Problem werden würde und ob sie überhaupt ungestört sprechen könne. „Ja, ich sage einfach, dass eine Freundin Beziehungsprobleme hat und meinen Rat braucht. Und ich gehe nach oben. Da bin ich ungestört.

Sonntag 29.06.14

Ich freute mich den ganzen Tag auf den Abend. Wir würden das erste Mal telefonieren, die Stimmen unseres Gegenübers hören und spüren, wie unsicher wir beide waren.

Ich war den ganzen Sonntag über sehr aufgeregt. Zum einen, weil ich an den Umzug einen Tag später denken musste und natürlich, weil ich am Abend das erste Mal mit Kristin telefonieren würde – einer Frau, die ich gerade mal 48 Stunden kannte und die mir doch schon so vertraut war. Bei jeder weiteren Nachricht merkte ich, dass dieses Kribbeln im Bauch nicht nur wieder da war, sondern von Minute zu Minute stärker wurde.

Dann war es so weit. Es war kurz vor 21 Uhr, als wir unser Gespräch begannen. Und es war der absolute Hammer. Wir verstanden uns sofort und es war, als wären wir alte Freunde. Wir knüpften an all die Themen an, über die wir schon in unseren Textnachrichten sprachen:

ihre unglückliche Ehe, meine Trennung, den Umzug und darüber, wie viele Gemeinsamkeiten wir doch hatten.

Es war toll, mit ihr zu sprechen. Und soll ich Dir was verraten? In jener Nacht habe ich mich schon in sie verliebt. Später erfuhr ich, dass es auch ihr so ging.

Wie lange haben wir telefoniert? Um 21 Uhr ging es los und um 7 Uhr legten wir auf! Also runde zehn Stunden ging das Gespräch.

Und es gab keine großen Gesprächslücken. Wir fanden immer wieder ein neues spannendes Thema. Ja, und natürlich auch das Küssen wurde wieder zu einem.

Wir schwärmten darüber, wie es sein würde, den perfekten Partner für diese Küsse zu finden. Und wir waren uns schnell einig, dass der Richtige dafür anscheinend schon am anderen Ende der Leitung saß.

Merkte denn ihr Mann nichts?

Oh doch, das tat er. Sie erzählte ihm ja, dass sie mit einer Freundin über deren Liebeskummer plauderte. Aber dass dieses Telefonat zehn Stunden dauern würde, hätte wohl keiner geglaubt.

In der Nacht um 3 Uhr kam er dann ins Zimmer geschlichen. Ich bemerkte es nicht. Später sagte sie mir, dass er sich zu ihr aufs Bett setzte und anfing, sie zu befummeln. Dann wollte er sie überreden, ihn während des Telefonates oral zu befriedigen. Dies konnte sie aber abwehren und er ging eingeschnappt wieder hinaus.

In dieser Nacht sprachen wir auch das erste Mal über Sex, darüber, was uns gefiel und was nicht. Und auch hier passte einfach alles. Wir beschrieben uns in liebevollen Worten, wie es sein würde, wenn wir uns das erste Mal streicheln und küssen würden, wie wir uns danach sehnten, dass der andere sich auf die jeweiligen Bedürfnisse einließe. Und durch die aufgestaute Lust kam es dazu, dass wir uns beim Erzählen dieser Fantasien am Telefon selber streichelten. Es hat mich total angemacht, ihrer Stimme zu lauschen und zu erfahren, wonach sie sich schon lange sehnte. Ihr lustvolles Atmen hat mich spüren lassen, wie es sein würde, wenn jetzt ihre und nicht meine Hände über meinen Körper gleiten würden.

Und immer wieder flüsterte sie: „Oh mein Gott, ich muss mich so beherrschen, nicht lauter zu sein. Nicht, dass Thomas mich noch hört." Diese Fantasien gipfelten nach einigen Minuten in einem unglaublich intensiven Höhepunkt.

Wir legten nach zehn Stunden auf, denn sie musste eine halbe Stunde später zur Arbeit und mein Umzug startete zwei Stunden später. Ich hatte das Gefühl, dass ich sie Sekunden später schon vermissen würde.

Nach diesem Telefonat blieb nichts mehr, wie es war. Wir hatten uns verliebt. Ja, nach zwei Tagen, Chat, Fotos und einem Telefonat.

Diese zehn Stunden haben uns so verbunden. Wir haben einander unser Leben mitgeteilt.

Bis 7 Uhr telefoniert? Und zwei Stunden später sollte mein Umzug starten? Jaaaa. Es war grausam. Ich war todmüde und hatte kaum Kraft, die Kartons zu tragen. Auf den Fahrten nickte ich hin und wieder ein. Zum Glück war ich nur der Beifahrer.

Der Tag fühlt sich im Nachhinein durch die extreme Müdigkeit vollkommen unwirklich an.

Von der Arbeit schickte sie mir das erste Mal über WhatsApp ein Video und ich sah einmal mehr, wie süß, hübsch und unglaublich sexy sie war.

Sie saß auf der Arbeit und man sah ihr die Müdigkeit an.

Diese verträumten Augen und dieses Lächeln, das mir bis heute mein Herz verzaubert …

An diesem Montagabend fielen mir flott die Augen zu. Aber sie schrieb mir noch schnell, dass ihr Mann am nächsten Tag geschäftlich weg wäre und wir in Ruhe telefonieren könnten. Mein Herz hüpfte und ich wusste, dass dieses nächste Telefonat nochmal alles übertreffen würde.

Dienstag, 01.07.14

Wir kannten uns nun fünf Tage und es fühlte sich alles so wahnsinnig gut an. Den Tag verbrachte ich damit, meine Wohnung einzurichten und dachte natürlich die ganze Zeit über nur an den Abend. Wir würden ein zweites Mal miteinander telefonieren und endlich ungestört sein. Mit meinen Gedanken war ich bei ihr.

Wir versüßten uns den Tag mit vielen kleinen Text- und Sprachnachrichten. Ich schickte ihr Fotos aus der neuen Wohnung und fragte sie, ob es ihr so gefallen würde.

Und dann war es so weit. Endlich rief sie mich an und wir waren gleich wieder so unendlich vertraut miteinander. Wir sprachen über den Tag, aber auch darüber, was mit uns passiert war. Dass wir uns vermissten und dass wir die erste Nacht und das erste Telefonat noch gar nicht begreifen konnten.

Die zehn Stunden waren einfach so verflogen und fühlten sich wahnsinnig gut an. Und so war es auch jetzt wieder. Die Stunden vergingen rasch und wir waren einander mit unseren Worten wieder sehr nah.

Und auf einmal fiel dieser eine Satz: „Es wäre schön, jetzt bei dir zu sein". Ja, das wäre es wirklich. Und sie sagte: „Am liebsten würde ich mich morgen nach der Arbeit in mein Auto setzen und zu dir fahren." – „Echt?" – „Ja, wirklich.

Wenn nicht die 800 Kilometer zwischen uns wären." Wie süß sie das sagte. Und ich merkte gleich wieder dieses unbeschreibliche Gefühl in mir, die unzählbar vielen Schmetterlinge, die in meinem Bauch flogen.

Auch der Sex war wie selbstverständlich ein Thema in unserem Gespräch. Doch es war anders als beim ersten Telefonat. Jetzt wussten wir, was dem anderen gefiel. Und wir waren allein und somit ungestört. Wieder war diese Telefonleitung wie elektrisiert. Wir hatten Telefonsex und doch was es diesmal anders, ungehemmter und offener. Wir erzählten uns ohne Scheu, was wir nun gerne mit dem anderen tun würden. Und ich erlebte das erste Mal ihre ungezügelte Lust und ihr lautes Stöhnen ging mir durch den ganzen Körper.

Auch das würde ich mit der Zeit feststellen: Wir verliebten uns, die Gefühle waren der Wahnsinn, aber auch das körperliche Verlangen würde eine immer wichtigere Rolle in unserer Geschichte spielen. Denn wir hatten dieselben Wünsche und Fantasien und diese wollten entdeckt und ausgelebt werden.

Dieses Gespräch dauerte wieder bis in die frühen Morgenstunden. Aber es war uns egal. Auch wenn es noch nicht ausgesprochen wurde. Wir wollten uns und wir wussten, dass der andere derjenige war, auf den wir das ganze Leben gewartet hatten.

Und endlich machte alles einen Sinn. Die zerbrochene Ehe, die Sehnsucht und der Wunsch nach dem richtigen Partner.

Die nächsten drei Tage liefen wie die davor. Wir schrieben, schickten uns Fotos, Videos und Sprachnachrichten. Es fühlte sich so gut an. Ich hatte mich verliebt.

Immer wenn sie sich meldete, hatte ich ein Lächeln auf dem Gesicht. Das hatte noch nie zuvor jemand geschafft. Aber zu diesem Zeitpunkt machte ich mir auch über etwas Anderes Gedanken. Es gab ein Geheimnis, von dem sie nichts wusste. Es war viel zu früh, um es jetzt zu sagen. Aber was war, wenn es wirklich zwischen uns ernst würde? Wie würde sie darauf reagieren und würde sie damit leben können?

Und es war wieder Freitag

Ja, der Freitag war immer etwas ganz Merkwürdiges zwischen uns. Denn an den Freitagen passierte immer was, mal etwas Tolles und mal eine Vollkatastrophe. Eine Woche war es jetzt her, dass ich sie an einem Freitag kennengelernt hatte. Nun war es wieder Freitag und wir telefonierten am Abend. Wir wussten aber beide, dass wir nicht allein waren. Sie zündete ein paar Kerzen an und blieb im Wohnzimmer, während ihr Mann früh schlafen ging.

Der Wunsch, sich treffen zu wollen, wurde immer konkreter. Und wir schmiedeten einen Plan: Sie würde übers Wochenende zu mir fahren und ihrem Mann erzählen, dass sie ihre beste Freundin Susi besuche.

Die musste aber natürlich eingeweiht werden. Das wurde sie auch. Sie spielte mit. Und nicht nur das. Sie freute sich für Kristin und sagte: „Ich wünsche dir viel Glück, genieß es".

Ok, jetzt sollten es also nur noch sieben Tage sein, bis wir uns das erste Mal sehen würden – auch

an einem Freitag.

Aber dieser Freitag war noch nicht vorbei. Wir telefonierten bis in die Nacht hinein und tauschten auch wieder erotische Gedanken aus.

Auf einmal kam ihr Mann ins Zimmer. Ich bekam es erst nicht mit. Oh nein, wie peinlich. Denn Thomas kam just in dem Augenblick, als ich ihren Namen in den Hörer stöhnte. Sie sagte leise: „Warte mal" - und er roch Lunte. Sie musste auflegen und es begannen zwei schlimme Stunden.

Warum? Ich wusste nicht was bei ihr los war. Wie reagierte ihr Mann?

Traute sie sich, mit offenen Karten zu spielen?

Endlich kam die erlösende Nachricht. Sie schrieb mir: „Es ist alles gut. Mach dir keine Sorgen.

Ich rufe dich gleich an."

Morgens um 6 Uhr klingelte dann endlich das Handy. Und das, was sie mir sagte, überraschte mich sehr. Sie hatte ihm alles erzählt: „Thomas, da gibt es jemanden, den ich sehr gern habe und der mir viel bedeutet." Wow, war ich stolz auf meine Prinzessin.
Sie stand zu mir und zu uns. Sie bezog Position und er reagierte wie erwartet. Wer ist schon glücklich, wenn der Partner sich in jemand anderen verliebt? Aber war er durch sein Verhalten nicht einfach auch selbst schuld? Das mag hart klingen, aber es ist wahr.

Die nächsten Tage waren komisch: Zum einen entspannter, weil wir unsere Telefonate nicht mehr verheimlichen mussten, zum anderen viel emotionaler, weil er anfing, sich sehr zu ändern.

Er war wie eine Klette, hing an ihr, kam ihr ständig körperlich nahe und drängte sie zu einer Entscheidung.

Einen Tag nach diesem Zwischenfall waren sie beide auf einem Familienfest. Sie wollte es natürlich nicht an die große Glocke hängen und spielte das Spiel mit:

lächeln und es hinnehmen, wenn er nach ihrer Hand griff. Immer, wenn es ging, seilte sie sich ab oder ging kurz hinaus, um mir zu schreiben und mich zu beruhigen. „Schatz, mach dir keine Sorgen. Er versucht es, aber mir bedeutet es nichts. Meine Gedanken sind nur bei dir."

Einige Tage später sagte sie mir, dass sie ihren Ehering abnahm, ihn ansah und er ihr nichts bedeutete. Diese Dinge waren ein großes Zeichen für mich. Ja, Kristin hatte sich auch in mich verliebt.

In den Tagen vor dem Treffen sprachen wir viel darüber. Wie würde es ablaufen? Würden wir uns gefallen? Wie wäre unser erster Kuss? Über eine Sache waren wir uns schnell im Klaren: Der erste Kuss sollte auf keinen Fall am Bahnhof bei der Begrüßung stattfinden. Dafür war er uns viel zu wichtig geworden.

Jetzt waren es noch 24 Stunden bis zu unserem Treffen. Ihr Mann gab zu Hause noch einmal richtig Gas. Er fragte sie immer wieder: „Fährst du auch wirklich zu deiner Freundin? Soll ich dich morgen zum Bahnhof bringen? Darf ich dich am Montag bei ihr abholen?" – „Nein, Thomas. Ich fahre dahin, um mir über alles Gedanken zu machen. Ich möchte die Zeit für mich nutzen.
Und ich möchte auch nicht, dass du dich am Wochenende meldest."
Doch zu diesem Zeitpunkt wusste er bereits alles. Dass er sie am Abend in der Dusche bei der Intimrasur überraschte, war nur noch ein nebensächliches Detail.

Und es war wieder Freitag,

11.07.14

Wir kannten uns nun genau zwei Wochen und sie saß im Zug auf dem Weg nach Emden.
Ich war den ganzen Tag über sehr nervös, konnte an nichts anderes mehr denken als daran, sie in wenigen Stunden endlich in meine Arme schließen zu können.

Wenn man erzählt, dass man jemanden zwei Wochen kennt, sagen die meisten: „Na ja, so lange ist das ja nun wirklich nicht". Aber ich hoffe, Du hast ansatzweise eine Vorstellung davon, wie intensiv diese zwei Wochen waren, ja, jeder Tag war. Die zwei Wochen waren für mich keine zwei Wochen. Es war eine Ewigkeit. Ich hatte mich verliebt, in die für mich tollste Frau der Welt. Und ihr ging es genauso.

Etwas Ablenkung hatte ich dann noch am Mittag, als ich mit meiner Ex-Frau in der Schule von unserem Sohn Alex war, denn dort fand ein Sportfest statt.

Gegen 13 Uhr machte ich mich langsam auf den Weg zum Bahnhof. Wir schrieben uns hin und wieder – gar nicht so einfach, denn das Netz im Zug war nicht das beste. Unterwegs telefonierte ich mit meiner besten Freundin Anke. Ich schwärmte ihr von Kristin vor und berichtete, wie nervös ich war und wie sehr ich Angst davor hatte, ihr nicht zu gefallen.

Gegen 14:30 Uhr kam sie an. Etwa 15 Min vorher wartete ich bereits am Bahnhof auf sie. Mein Herz schlug von Minute zu Minute schneller. Gleich würde sie da sein. Mann, wie lange hatte ich diesen Augenblick herbeigesehnt.

Und dann war es endlich so weit. Der Zug fuhr ein und ich schaute mich um, wo sie sein könne. Es standen bestimmt 30 Leute am Gleis, aber ich erblickte sie mit ihren wunderschönen braunen Locken gleich. Wir liefen aufeinander zu. Ich hatte einen Beutel mit Einkäufen dabei, den ich einfach fallen ließ. Wir standen voreinander, schauten uns tief in die Augen und lächelten uns an.
Dann nahmen wir uns ganz sanft in die Arme. Sie roch so unglaublich gut und ich flüsterte ihr ins Ohr: „Endlich bist du da!".

Wir blieben bestimmt eine Minute lang so stehen.

Dann gingen wir zum Fahrstuhl und mussten davor ein wenig warten. Wir blickten uns immer wieder tief in die Augen und lächelten uns an. Mein Herz schlug mir bis zum Hals. Mein

Atem wurde schneller und ich dachte nur: „Oh Mann, ist die hübsch!". Beim Warten auf den Fahrstuhl dachten wir beide wohl dasselbe: Am liebsten hätten wir uns geküsst. Nein, das wollten wir uns doch für einen besonderen Augenblick aufheben. Ich nahm sie noch einmal in den Arm und gab ihr links und rechts je ein Küsschen.

Dann flüsterte ich ihr ins Ohr: „Mehr gibt's jetzt noch nicht".

Wir verließen den Bahnhof und sie sagte, dass sie gerne zu mir nach Hause laufen würde, da sie so lange im Zug gesessen hätte.

Also begannen wir unseren Spaziergang, an einem milden Freitagabend mitten im Juli.

Es dauerte nur einen Augenblick und unsere Hände fanden

zueinander. Und sie ließen sich über den ganzen Weg bis zu meiner Wohnung nicht mehr los. Mann, war ich stolz. Ich hätte gewollt, dass die ganze Welt mich sieht. Ich wollte es am liebsten herausschreien. „Hey Welt. Ich habe mich in die tollste Frau auf dem Planeten verliebt.

Schau mal, wie hübsch sie ist. Und die will was von mir!"

Ich muss an dieser Stelle gestehen:
Mein Selbstbewusstsein hatte in der Ehe echt gelitten.

Auch war ich mit meinem Aussehen und besonders meinem Gewicht nicht zufrieden. Den Höhepunkt der Unzufriedenheit hatte ich im Jahr 2006 erreicht. Als meine Ex-Frau das erste Mal schwanger geworden war, hatte ich während dieser neun Monate einfach hemmungslos mitgefressen. Anders kann ich es leider nicht nennen.

Das Resultat waren 129 kg. Es gibt ein Horrorfoto aus dieser Zeit, dass ich hin und wieder noch in die Hand nehme und das mir eines sofort klar macht: So willst du nie wieder aussehen.
In den folgenden Jahren nahm ich ab.
Erst durch Ernährungsumstellung und Sport, dann mit der Unterstützung eines Magenballons. Insgesamt habe ich so rund 40 kg verloren. Aber so richtig wohl fühlte ich mich immer noch nicht.

Kristin aber gab mir das Gefühl, dass ich genau der Richtige für sie war.

Wir kamen in meiner Wohnung an und stellten erst einmal ihre Sachen ins Schlafzimmer. Dann setzten wir uns auf die Couch und lächelten uns verlegen an. „Jetzt sind wir also wirklich hier", sagte ich und sie antwortete darauf: „Ja und es fühlt sich gut an".

Das tat es wirklich. Und es geschah, was unausweichlich war: Der Augenblick, über den wir uns so viel unterhalten hatten, der Moment, der unser erstes Thema war, als wir uns über die App kennenlernten, war gekommen.

Wir saßen dicht nebeneinander und ich strich mit meiner Hand über ihr Gesicht. Mann, fühlte sich das gut an: ihre wunderschönen braunen Augen, ihr mich zum Schmelzen bringendes Lächeln, ihr mich wahnsinnig machender Kussmund. Und es war so weit. Unsere Gesichter näherten sich einander, wir schlossen die Augen und unsere Lippen berührten sich das allererste Mal.

Ich kann es gar nicht in Worte fassen.
Es war wie ein Feuerwerk in meinem Körper und meinem Herzen. Unsere Lippen berührten sich nur ganz sanft, sekundenlang.

Dann spielten sie miteinander. Mann, schlug mir das Herz. Dieser Kuss war der Wahnsinn. Und in diesem Augenblick wusste ich: Kristin, du bist die Richtige für mich, du bist meine Traumfrau. Du bist mein Mädchen!".

Ein wenig später gingen wir zusammen einkaufen und kochten anschließend. Kristin machte ihren himmlischen Käsekuchen, von dem sie mir schon vorgeschwärmt hatte. Es war nur

„einkaufen gehen und was kochen", doch ich fühlte genau, wie der Alltag zwischen uns sein würde. Ich hatte ständig das Gefühl, dass die Schmetterlinge in meinem Bauch die wildesten Spiele spielten.

Beim Essen schauten wir unseren ersten gemeinsamen Film. Es war mein Lieblingsfilm und daher wollte ich ihn unbedingt als Erstes mir ihr gucken. Es war „When a man loves a woman" mit Meg Ryan und Andy Garcia, eine wunderschöne Liebesgeschichte. Und am Ende flossen bei uns beiden ein paar Tränen.

Die drei Tage waren wunderbar und vergingen wie im Flug.

Am nächsten Morgen schlenderten wir über den Wochenmarkt und shoppten in den Geschäften.

Am Mittag machten wir wegen des schönen Wetters Halt im Grand Café. Wir setzten uns draußen hin und turtelten wie frisch Verliebte. Es entstanden die ersten gemeinsamen Fotos. Ich fragte sie, ob ich eines davon in meinem Facebook-Account posten dürfe. Nach kurzer Überlegung sagte sie schließlich ja.

Ich postete es und prompt kamen erste liebe Kommentare wie „Ihr passt total gut zusammen" oder „Du siehst endlich wieder glücklich aus". Und ja, das war ich. Ich war wie auf Knopfdruck sehr sehr glücklich.

Am Abend gingen wir beim Chinesen essen und anschließend ins Kino. Unser Film ist seitdem „Das Schicksal ist ein mieser Verräter". Verdammte Scheiße, hätte ich damals geahnt, dass dieser Filmtitel mal unsere Beziehung beschreiben würde …

Wir erlebten viele wunderschöne Momente miteinander.

An diesem Wochenende kamen wir uns auch körperlich näher. Ich kann kaum in Worte fassen, wie es sich anfühlte, Kristin das erste Mal nahe zu sein, ihren Körper zu berühren und ihn mit Küssen zu bedecken, mit meinem Mund ihren Körper zu erkunden, sie das erste Mal an ihren intimsten Stellen zu schmecken. Für die meisten gehört Oralverkehr zum Liebesspiel dazu, so auch für mich. Bisher war es aber immer so gewesen, dass ich mir, wenn ich es bei einer Frau tat, nicht groß Gedanken darüber machte.

Jetzt war auch das anders. Das erste Mal war es so, dass mir eine Frau richtig gut geschmeckt hat, dass ich mehr wollte und gar nicht genug davon bekommen konnte, ihre Lust in meinem Mund zu spüren.

Und dieses Gefühl des Glücks bekam ich auch von ihr zurück.

Seit einigen Jahren, wohl auch durch Pornofilme ausgelöst, herrscht bei immer mehr Männern die Fantasie vor, dass die Frau sie oral nicht einfach nur „normal" befriedigt, sondern sie ihr den Penis möglichst tief in den Hals stecken können. Ich denke, der Kern liegt in der Ausübung von Macht und Unterwürfigkeit.

Auch Thomas wollte dies jahrelang gerne von ihr. Doch sie weigerte sich stets, mit der Begründung, dass sie so etwas nicht anmache und ihr das Kotzen kommen würde.

Auch für mich hatte es diese Variante im Liebesspiel bisher nicht gegeben. Ohne dass wir vorher ein Wort darüber verloren, passierte es. Sie machte es einfach von sich aus. Ich sah sie an und sagte: „Kristin, bitte tue es nur, wenn du es auch wirklich willst". Sie hob ihren Kopf, blickte mir tief in die Augen, lächelte und sagte: „Ich mache das, weil ich es wirklich will und weil ich dir etwas schenken möchte, das er von mir nie bekam".

Dieser Satz hat mich unglaublich glücklich gemacht und es war die schönste Liebeserklärung, die sie mir machen konnte.

Der Augenblick, in dem wir das erste Mal miteinander schliefen, war der schönste, den ich je mit einer Frau erlebt hatte. Wir konnten an den drei Tagen kaum die Finger voneinander lassen. Drei oder vier Höhepunkte pro Tag waren keine Seltenheit. Und wir beide genossen es mit allen Sinnen.

Mein Sohn war bis zum Sonntag bei meiner Ex-Frau und kam am Nachmittag pünktlich zum WM-Finale nach Hause.

Er lernte Kristin kennen, denn ich wollte es so. Es war mir wichtig, zu sehen, wie die beiden aufeinander reagierten. Es treibt mir heute noch die Tränen in die Augen, wenn ich an diesen Abend zurückdenke.

Wir schauten das Spiel zusammen und die beiden waren so liebevoll miteinander. Kristin schaute ihn immer wieder an und lächelte. Sie hatte ihn sofort in ihr Herz geschlossen und auch Alexander mochte sie gleich.

Er fragte sie immer wieder nach verschiedenen Spielern und nach dem Spiel im Allgemeinen. Mann, war das süß, sich das anzusehen. Und auf einmal kamen Gedanken in mir hoch, denn ich konnte mir total gut vorstellen, dass wir eine kleine Familie sein könnten.

Oh Mann ...

Richtig viel geschlafen hatten wir an diesen drei Tagen nicht.

Dann kam der Abschied. Schon am Sonntag gab es die erste Down-Phase, weil ich an diese Trennung dachte.

Es flossen bei uns beiden Tränen und ich fragte sie, wie es nun weitergehen sollte. Uns war klar, dass wir uns wiedersehen würden und dass wir nicht mehr ohne den anderen sein konnten.

Doch da war wieder dieses Geheimnis. Hatte ich die Zeit? Ich wollte es ihr so gerne in diesem Moment sagen. Ich hatte zwei- oder dreimal angesetzt. Aber ich konnte es nicht. Irgendetwas in mir sagte, dass die Zeit noch nicht reif war. Oder ich war einfach nur zu feige. Wahrscheinlich war es eher Letzteres.

Der Abschied am Bahnhof war schwer. Uns beiden liefen die Tränen und wir hätten mit

Sicherheit eine gute Liebesszene am Bahnsteig fürs Kino hingelegt.

Wir standen am Gleis, hielten uns an den Händen und sagten uns immer wieder, wie sehr wir uns liebten. Ja, die drei Worte waren gefallen: „Kristin, ich liebe Dich!". Und ich bekam diese wundervollen Worte auch aus ihrem Mund zu hören. Dann stieg sie in den Zug. Sie saß am Fenster und wir blickten uns noch minutenlang in die Augen.

Von meinen Lippen konnte sie es noch einmal ablesen: „Kristin, ich liebe dich". Mir liefen dabei noch immer Tränen übers Gesicht. Sie sagte lautlos: „Ich dich auch".

Der Zug verließ den Bahnhof und ich ging die Treppen hoch, durch die Bahnhofshalle und hinaus zur Straße. Ich nahm extra den Weg über den Wall, damit ich mit meinen Tränen und meiner Sehnsucht allein war. Ich war eben erst losgegangen, da schrieb sie mir: „Ich bin gerade erst unterwegs und vermisse dich schon so sehr. Ich würde am liebsten mit dem nächsten Zug wieder zurückfahren".

Auf der einen Seite tat es so gut, das zu lesen und auf der anderen machte es mich wahnsinnig traurig, weil schon wenige Minuten nach ihrer Abfahrt die Sehnsucht so sehr mein Herz umschlungen hatte.

Spät am Abend kam sie an und Thomas holte sie am Bahnhof ab. Sie muss sich bestimmt ganz komisch gefühlt haben:
auf der einen Seite frisch verliebt und auf der anderen Seite mit dem Gefühl, jemanden betrogen zu haben.

Was mich wunderte: In den Tagen danach sprachen die beiden nicht über das Wochenende. Kristin begründete es damit, dass sie darauf wartete, dass er etwas sagte. Aber von Thomas kam nichts.

Den Grund dafür haben wir einige Zeit später erfahren. In früheren Jahren war er bei den Feldjägern. Aus diesen Zeiten hatte er noch Kontakte, die er an jenem Wochenende anzapfte.

Und diese beschatteten Kristin. Er wusste, in welchen Zug sie stieg und wohin sie fuhr.

Mich hat diese Information damals sehr entsetzt. Ich fand es schlimm – nicht, dass er es herausfinden wollte, sondern wie Kristin es mir erzählte. Als würde es sie gar nicht wundern, als hätte sie es schon erwartet.

Im Nachhinein zweifle ich die Geschichte allerdings sehr stark an. Mein Gefühl ist, dass er sie damit einschüchtern wollte und ihr zeigen: „Schau her, zu was ich alles in der Lage bin".

Denn mir fiel später ein, dass wir immer wieder merkten, dass er sich an ihrem Handy zu schaffen machte. Sie war nachts bei WhatsApp online, obwohl sie schlief. Das Handy lag am Morgen anders als am Abend zuvor. Sie bemerkte auch Veränderungen in der Reaktionszeit ihres Handys – alles Hinweise darauf, dass er sehr intensiv schnüffelte. Einige Wochen später würde sie mir schreiben: „Ich habe entdeckt, dass Thomas sich meine WhatsApp-Chats mit dir per Mail geschickt hat".

Es hat sie innerlich bestimmt auch schockiert, aber ich wusste zu dieser Zeit noch nicht, dass sie sehr große Probleme damit hatte, ihre Meinung und ihre Haltung zu äußern. Sie hat in der Zeit mit Thomas viel geschluckt, verdrängt und passieren lassen. Diese Charakterzüge hatten sich tief in sie eingebrannt. Und dies sollte ich später noch viel härter zu spüren bekommen.

Ein paar Tage danach, nach viel gutem Zureden von mir, erzählte sie ihm dann doch alles. Und da er schon länger alles wusste, reagierte er nicht sehr überrascht.

Er machte ihr einen Vorschlag. „Kristin, du hattest ein Wochenende mit ihm allein, ohne dass ich dich gestört habe. Nun will ich eins mit dir allein.
Ihr habt keinen Kontakt und wir schauen, ob wir noch eine Zukunft haben.

Und am Sonntag entscheidest du dich dann". Man mag jetzt denken: Klingt fair und kann man gut nachvollziehen. Damals fand ich es auch völlig in Ordnung.

Rückblickend war es meiner Meinung nach nur eine Masche, um sie in die Ecke zu drängen.

Sie stimmte zu und sagte mir, dass sie sich an den drei Tagen nur sehr wenig melden könne.

Alles war gut und ich verstand es. Und er legte sich wahrlich ins Zeug, war aufmerksam, zuvorkommend, kümmerte sich um sie. An sich hätte man meinen können, alles sei super. So hatte sie es sich doch immer gewünscht.

Battermann, Sie sind raus

Es gab nur ein Problem: Er übertrieb es einfach. Es war nicht authentisch, denn so war er vorher nie gewesen, in den ganzen fünf Jahren nicht. Und sie sagte mir, dass es sie eher von ihm entfernt hätte. Sein Verhalten ging ihr demnach eher auf die Nerven.

Samstagmittag kam das erste Lebenszeichen von ihr. Sie schrieb: „Hey Süßer, mach dir keine Sorgen. Es ist alles gut. Ich komme einer Entscheidung immer näher".

Mein Gott, hat mich dieser Text gefreut. Gehofft und gewünscht hatte ich es mir, aber ich war es nicht gewohnt, dass das Glück zum Schluss auf meiner Seite war.

Am Samstagabend gab es ein längeres Gespräch zwischen beiden, aber auch dieses brachte ihn ihr nicht näher.

Gegen 22 Uhr schlief sie auf der Couch ein. Etwas später ging sie dann zu Bett. Nachts um 2 Uhr wachte sie aber wieder auf und weil alles so sehr in ihrem Kopf herumschwirrte, konnte sie nicht schlafen, wie sie mir später berichtete.

Kristin warf sich nur eine Decke über den Körper, ging ins Wohnzimmer und machte den Fernseher an. Einige Minuten später kam Thomas nach.

Da sie nur mit der Decke umhüllt war, machte er sich Hoffnungen, dass sexuell etwas möglich wäre. Es war ja schließlich ihr Wochenende. Kurze Zeit später ging sie ins Bad. Sie zog sich etwas an und schrieb mir: „Schatz, ich habe mich entschieden. Für uns. Ich will ein Leben mit dir. Es ist mir jetzt so klar".
Ich las diese Nachricht nachts um 2 nur halbwach und schlief mit einem Lächeln wieder ein.

Mann, war ich glücklich. Kristin, wollte mich, wollte uns.

Sie kam aus dem Bad zurück ins Wohnzimmer und war mittlerweile wieder angezogen. Und Thomas war stinksauer. Er stand auf und ging nach oben. Kurze Zeit später kam er mit Zettel und Stift zurück und sagte: „Kristin, ich will die Scheidung". Er machte einen

Fünf-Punkte-Plan. Wie sollte es mit dem Haus geregelt werden?
Wie mit den Wertsachen?
Wie sollte es mit der Scheidung vonstattengehen?

Als Letztes kritzelte er auf den Zettel: „Kristin, du verlässt in spätestens 30 Tagen das Haus".

Dieser letzte Punkt hat sie sehr aus der Bahn geworfen. Da bekommst du morgens um 3 Uhr gesagt: „Verschwinde in 30 Tagen aus deinem Heim". Sofort schossen ihr Gedanken durch den Kopf: Ich finde doch niemals in der Zeit eine Wohnung. Wie soll das alles werden? Ich sitze dann auf der Straße und der Mann, in den ich mich verliebt habe, wohnt 800 km entfernt.

In ihrer Verzweiflung fing sie an zu weinen. Und er wusste es zu nutzen. Er nahm sie in den Arm,

tröstete sie. Ich nehme an, es fielen Phrasen wie: „Kristin, bist du sicher, dass du das willst? Schau, was wir uns hier aufgebaut haben. Wir sind noch nicht mal ein Jahr verheiratet".
Ich kann mir lebhaft vorstellen, wie es abgelaufen ist.
Und da fielen mir wieder die Sätze aus unserem ersten Chat ein: „Ich hasse Streit und möchte es immer allen recht machen".

Kristin, die Frau, die einfach mal auf ihr Herz hören sollte und eine kleine Packung Mut gebrauchen könnte, diese Frau wurde auf einmal unsicher und brach innerlich zusammen. Prompt machte Thomas wieder einen seiner „tollen Vorschläge": „Kristin, gib uns beiden zwei Monate Zeit. Wir konzentrieren uns in diesen Monaten auf uns und unsere Ehe. Wir lernen uns neu kennen und schauen, ob unsere Ehe eine

Chance hat. Wenn nicht, dann geh zu ihm".

Ja, ich weiß, es klang wieder total fair. Doch ich hatte Angst – Angst davor, dass sie sich in zwei Monaten von mir entfernt haben würde … Und dann war da ja noch mein Geheimnis.
Dieses Geheimnis ließ keine zwei Monate Warten zu.

Zwei Stunden später rief sie mich über Facetime an. Ich war zu diesem Zeitpunkt noch überglücklich, da ich ja davon ausging, dass sie sich für mich entschieden hatte.

Dieses Gespräch dauerte drei Stunden. Und sie sagte mir, dass sie ihm diese zwei Monate eingeräumt hatte. Sie wäre es ihm schuldig. Ich sagte darauf: „Und wenn ich diese zwei Monate nicht habe?".

Ich wusste natürlich, welchen Gedankengang ich mit diesem Satz in ihr auslöste. Aber ich konnte nicht konkreter werden, nicht am Telefon. Ich wollte es endlich loswerden, aber nur persönlich. Das Gespräch war zu Ende und auch ich war am Ende. In wenigen Stunden hatte sie sich für uns entschieden, es wieder zurückgenommen und Thomas eine zweimonatige Testphase genehmigt.

Ich heulte den ganzen restlichen Tag und konnte es einfach nicht in meinen Kopf bekommen. Also doch: Ich war eben kein Gewinnertyp, sondern der dreckige Verlierer, der immer zusehen musste, wenn andere glücklich werden.
Ich war emotional echt am Boden.

Was ich nicht wusste war, dass dieses dreistündige Gespräch bei ihr seine Spuren hinterlassen hatte.

Zweimal im Laufe des Sonntags kam Thomas zu ihr und fragte sie immer und immer wieder, ob sie das alles auch wirklich wollte. Denn es würde bedeuten, den Kontakt zu mir für die kompletten zwei Monate abzubrechen.

Und zweimal war Kristin kurz davor, ihm zu sagen, dass sie es nicht könne und auch nicht wolle. Ja Kristin, der Mut. Und es sollte nicht das letzte Mal sein, dass dieser fehlende Mut mir zum Verhängnis wurde. An diesem Tag hörten wir nichts mehr voneinander.

Es war Montag und früh am Morgen ging ich zu Alexanders Schule, um Unterlagen abzugeben. Kristin rief von der Arbeit aus an. Erst sprachen wir ganz schüchtern und mit trauriger

Stimme miteinander. Doch dann brach es aus ihr heraus. Sie wollte diese zwei Monate nicht. Sie wollte den Kontakt zu mir nicht abbrechen. „Frank, ich kann es auch gar nicht. Ich denke die ganze Zeit an dich. Du fehlst mir."

Wow, war das ein schönes Kompliment. Ich sagte ihr: „Kristin, du musst es ihm sagen". – „Ja, ich weiß, ich werde es auch bald tun."

Die nächsten Tage liefen sehr gefühlvoll ab. Es gab viele Nachrichten, Videos, Sprachnachrichten zwischen uns. Abends haben wir immer telefoniert und uns dabei auch unserer Lust hingegeben. Nur Thomas blieb weiter in dem Glauben, dass wir keinen Kontakt hätten, denn er war in dieser Woche wieder geschäftlich unterwegs. Allerdings hatte sie so auch einen Grund, es ihm nicht sagen zu müssen.

An einem Abend rief er an, als wir gerade telefonierten. Sie sagte: „Bleib dran, aber sei leise". Ich war am Handy und Thomas rief sie übers Festnetztelefon an.

Ich freute mich darüber, wie distanziert sie mit ihm sprach. Es gab kein liebes Wort, keine Zuneigung, kein Gefühl, das sie ihm entgegenbrachte.

Und es war wieder Freitag

Im Nachhinein fasse ich es nicht, was mit diesem Freitag los war und warum er zwischen Kristin und mir so viel entschieden hat. Sie und ihr Mann waren am Nachmittag zum Klamotten-Shopping unterwegs. Denn am nächsten Tag stand wieder ein Familienfest an. Sie stand in der Umkleidekabine und er holte ihr gerade ein anderes Kleidungsstück.

Da bekam sie eine Nachricht von mir, griff zum Handy und las sie. In dem Augenblick kam er hinein und sie drückte die Nachricht schnell weg. Thomas fragte: „Von wem war die Nachricht?". Kristin ließ sich eine Ausrede einfallen und sagte: „Ach, das war deine Mutter. Die hat wegen morgen was auf den AB gesprochen". Er kam näher und sagte: „Das stimmt doch nicht wirklich". – „Nein, das tut es auch nicht. Frank hat mir geschrieben." Er war völlig außer sich. Sie gingen nach draußen und er machte ihr in aller Öffentlichkeit eine Szene.

Was sie doch für eine elende Lügnerin wäre und dass sie zusehen solle, wie sie schnellstmöglich auszieht.

Er ließ sie stehen und sie rief mich tränenaufgelöst an. Ich beruhigte sie und sagte: „Kristin, so scheiße es grad auch war, jetzt ist es 'raus. Jetzt gibt es kein Zurück mehr".

Und so war es dann auch. Am selben Abend telefonierte er mit den ersten Verwandten und erzählte, dass Kristin und er sich getrennt hatten.

Natürlich ging sie am nächsten Tag nicht mit auf das Fest. Wer lässt sich schon gern von 100 Leuten darauf ansprechen, dass man jetzt getrennt ist? Ihr Papa hatte auch Geburtstag, sie ging zu ihm und hatte auch den Mut, es dort anzusprechen: „Ja, Thomas und ich haben uns getrennt und ja, es gibt da jemanden". Ich war so stolz auf meine Süße. Endlich kam der Mut.

Endlich war der Riesen-Knoten geplatzt. Ihr Mann wusste Bescheid und meine Süße begann, sich im Netz nach Wohnungen umzusehen.

Am Telefon war dann auf einmal der Wunsch da, diese eine Frage zu stellen. „Kristin? Sind wir eigentlich jetzt ein Paar?" – „Hmmm, ich weiß nicht. Möchtest du das denn?" – „Du glaubst gar nicht wie sehr." Und ich fragte sie:

„Kristin Straß, möchtest du mit mir zusammen sein?". Und sie antwortete mit zittriger Stimme: „Ja, Frank Battermann. Ich möchte mit dir zusammen sein. Ich würde mir nichts mehr auf der Welt wünschen".

Also waren wir ab diesem Zeitpunkt ein Paar.

Es war einen Tag später, als sie mir ein Bild schickte. Zu sehen war eine Wohnungsanzeige. Ich konnte es kaum glauben und schrieb ihr „Schaaaatz,du schaust nach Wohnungen!". Und sie antwortete: „Ja, ich schaue nur ein bisschen" – ich war überglücklich.

Etwa eine Stunde später fragte sie mich: „Nach wie vielen Zimmern muss ich eigentlich schauen?". – „Wie meinst du das?" – Na ja, nach zwei oder drei

Zimmern?" – „Ich weiß ja nicht, wie viele du brauchst, Kristin." – „

Na, ich weiß ja nicht, ob wir mit zwei Zimmern auskommen." – „Meinst du das ernst?" Sie meinte es ernst. „Warum machen wir nicht Nägel mit Köpfen und ziehen zusammen?"

Wir besprachen natürlich auch die Variante, ob sie zu mir hoch zieht. Aber aufgrund ihres Jobs als Beamtin und der Familie waren wir uns schnell darüber einig, dass ich zu ihr nach Bayern kommen würde.

Auch mit Alexander hatten wir schnell eine Lösung gefunden. Mir war es immer wichtig, dass er sagte, was er selbst möchte. Also sollte er ein Jahr bei meiner Ex-Frau bleiben und uns in den Schulferien jeweils besuchen kommen. Im nächsten Sommer sollte er dann frei wählen können, wo er bleiben möchte. Alexander fand diese Variante toll und auch Kristin gefiel die Idee.

Nicht nur dieser Zukunftsgedanke löste bei uns eine unheimliche Nähe aus. Wir vertrauten uns in einem besonderen Moment an, dass wir uns vorstellen konnten, ein Baby zu bekommen.

Kristin sagte: „Thomas wollte immer ein Baby mit mir, aber ich hatte das Gefühl, dass es mit ihm nicht richtig ist. Seitdem ich dich kenne, weiß ich, was Liebe ist. Ich weiß, wofür ich das alles hier tue und ich spüre, dass ich mit dir irgendwann ein gemeinsames Baby haben möchte".

Wow, wir wollten diese Zukunft und dieses gemeinsame Leben so sehr.

Wir schauten uns im Internet gemeinsam die Wohnungsanzeigen an. Ich vereinbarte dann den Besichtigungstermin und Kristin schaute sich die Wohnung an. Es war eine sehr aufregende Zeit. Und nach der dritten oder vierten Besichtigung hatten wir sie gefunden: unsere Traumwohnung.

Alles war so, wie wir es uns gewünscht hatten. Und das Unglaubliche sollte wirklich geschehen – wir bekamen unser Liebesnest. Wir waren überglücklich.

Und doch bedrückte mich etwas sehr: mein Geheimnis. Sie musste es nun endlich erfahren. Doch dafür mussten wir uns sehen. Also wollte sie ein weiteres Mal zu mir fahren – zum einen, weil es bis zum Umzug noch drei Wochen hin waren und wir uns unendlich vermissten und zum anderen, weil dieses Geheimnis endlich ans Tageslicht gehörte.

Aber sofort kam die Angst zurück. Wie würde sie darauf reagieren? Konnte sie damit leben? Oder würde sie alles beenden?

Es waren noch vier Tage bis zu unserem Treffen. In der Nacht von Samstag auf Sonntag quälte es mich wieder. In meinem Kopf spukte nur noch dieser eine Gedanke herum. Das Geheimnis zerriss mich, mir liefen die Tränen übers Gesicht. „Kristin, es muss jetzt raus. Ich ertrage es nicht mehr", schrieb ich ihr.

Und dann war es so weit: Sie erfuhr die ganze Wahrheit. Mit Tränen und zittriger Stimme begann ich zu erzählen.

Immer wieder, wenn es um die zwei Monate zwischen Kristin und ihrem Mann gegangen war, hatte ich zu ihr gesagt: „Kristin, die Zeit habe ich nicht. Ich habe so große Angst, dich zu verlieren". Und in jener Samstagnacht konnte ich nicht anders. Ich wollte es ihr nicht am Telefon sagen, doch ich flippte innerlich aus.

Ich hatte solche Angst, dass sie mich, nachdem ich es erzählt hätte, nicht mehr wollte, dass sie mich verachten und alles beenden würde. Doch ich hielt es nicht mehr aus und fing an zu erzählen.

Es war 2011.

Meine Ex-Frau war mit dem zweiten Kind schwanger und ging in den Mutterschutz. Es sah finanziell in den Monaten verdammt schlecht aus, die Anschaffungen für das neue Baby und alles Drumherum.

Wir bekamen Zuschüsse vom Jobcenter und ich arbeitete gleichzeitig bei einem Radiosender und dies gab ich nicht an. Ich tat es also schwarz.
 Da ich nur auf Abruf arbeitete, waren es pro Monat auch „nur" kleine Beträge, die ich verschwieg. Mal waren es 100 oder 200 Euro, mal 400 oder 600. Das Ganze ging neun Monate lang so. Und so waren es insgesamt 1.800 Euro, die ich unterschlug. Es war von Anfang an geplant, das nur bis zur Geburt des Babys zu machen.

Doch in meiner Blödheit kapierte

ich nicht, wie naiv es war, zu glauben, dass ich so einen Job in der Öffentlichkeit machen könne, ohne dass es rauskommt. Und so kam es dann auch raus.

Irgendjemand hat anonym beim Jobcenter angerufen und mich angeschwärzt. Daraufhin wurde ich vorgeladen und dazu befragt. Weil es nur noch ein Monat war, bis ich sowieso damit aufhören wollte, sagte ich dummerweise, dass es nicht stimmen würde und unterschrieb das auch noch.

Aber wie man sich denken konnte, ließ das Jobcenter nicht locker und recherchierte weiter. Man musste aber letztendlich auch nur das Radio einschalten, um mich zu hören.

Gleich nach der Geburt meines Jüngsten schrieb ich einen Brief ans Jobcenter und gestand alles.

Ich schrieb, wie leid es mir tue und dass ich alles schnellstmöglich zurückzahlen würde.
Doch es war zu spät. Das Jobcenter zeigte mich an. Und es kam im Frühjahr 2012 zu einer Gerichtsverhandlung.

Ich hatte mich mit meinem Anwalt besprochen und er überbrachte mir die nächste Hiobsbotschaft:

Drei Richter kämen in Emden in Betracht. Mit zweien könne man einen Deal hinbekommen, doch der eine sei sehr hinterher, Leute, die Sozialbetrug begingen, dingfest zu machen. Sein Spruch war immer: „Die Hand, die einen füttert, schlägt man nicht".

Und natürlich bekam ich jenen Richter dann auch in meiner Verhandlung.

Die zweistündige Verhandlung war schrecklich. Ich wurde regelrecht auseinandergenommen. Alles wurde mir negativ ausgelegt: „Herr Battermann, Sie haben das Ganze sehr bewusst und mit Vorsatz durchgeführt, neun Monate lang, jeden Monat wieder. Niemals war ihr schlechtes Gewissen groß genug, um damit aufzuhören. Ja, Sie haben dann einen Brief mit einem Geständnis geschrieben und ans Jobcenter geschickt. Aber wann? Als das Jobcenter sowieso schon alles wusste und alle Beweise beisammen hatte. Ihr Brief sollte doch nur die Situation noch abschwächen", so hieß es.
So redete der Richter
immer weiter auf mich ein, zwei lange Stunden.

Dann wurde das Urteil gesprochen. Ich konnte es nicht glauben. Mit Tränen in den Augen hörte ich mir an: „Der Angeklagte wird zu sechs Monaten Haft ohne Bewährung verurteilt". Ich konnte es nicht glauben. Was? Ein halbes Jahr Gefängnis? Ich hatte das Gefühl, unter mir würde sich die Erde auftun. Ich war in einem Schockzustand.

Dieses Urteil fiel also im Frühjahr 2012. Hätte ich es gleich angenommen, wäre alles schon lange hinter mir gewesen. Aber nein, auf Anraten meines Anwalts gingen wir erst in Berufung und dann in Revision, um Zeit herauszuholen und alles planen zu können. Hätte ich gewusst, wie es bis dahin bei mir aussähe und dass ich Kristin kennenlernen würde, ich hätte die Haftstrafe gleich angetreten und alles wäre inzwischen gut gewesen.

Doch nun war die Situation so, dass ich die Strafe in zehn Wochen antreten musste – und das für sechs lange Monate.

All das erzählte ich Kristin in dieser Nacht unter Tränen und konnte nicht ahnen, wie sie darauf reagieren würde.

Und dann geschah es. Sie sagte: „Schatz, es ist alles gut. Ich bin bei dir und wir schaffen das zusammen. Ja, es ist Mist, aber ich weiß, warum du es getan hast und du bist kein schlechter Mensch. Wir schaffen das zusammen. Ich werde für dich da sein und auf dich warten!".

Ich konnte es nicht glauben. Meine schlimmste Angst war unbegründet und mein größter Wunsch in Erfüllung gegangen. Sie stand zu mir. Ich war in diesem Augenblick der glücklichste Mensch auf der Welt.

Nun war es also endlich gesagt und sie hatte so reagiert, wie ich es mir nicht in den kühnsten Träumen erhofft hatte.

Ok, jetzt wusste sie, warum ich den Umzug so schnell wie möglich über die Bühne bringen wollte: Damit wir die Chance hatten, die vier bis sechs Wochen vor dem Haftantritt einen Alltag zu leben. Damit sie wusste, wie es war, mit mir zusammenzuleben – damit sie wusste, worauf sie sich nach den sechs Monaten freuen konnte.

Nun kam sie aber zunächst ein weiteres Mal zu mir. Fünf Tage blieb sie und diese waren wie ein Traum. Wir unternahmen jeden Tag viele Dinge, kochten zusammen, waren uns nah und knutschten wie frisch verliebte Teenies.

Immer wenn wir an einer roten Ampel standen, küssten wir uns. Das machten wir zum Ritual. Ihr glaubt gar nicht, wie sehr ich mir rote Ampeln herbeisehnte.

Auch körperlich waren wir uns in diesen fünf Tagen näher als je zuvor. Der Sex mit ihr war unglaublich. Wir offenbarten uns immer mehr Wünsche und Fantasien und setzten diese in die Tat um.

Die fünf Tage gingen vorbei, aber wirklich traurig waren wir nicht. Denn sie fuhr am Sonntag ab und schon vier Tage später sollte es mit dem Umzug losgehen. Ich war voller Vorfreude und bereitete die nächsten Tage alles vor.

Ich lief von morgens bis abends mit einem Lächeln auf dem Gesicht herum und konnte gar nicht erwarten, dass es endlich los ging.

Wir hatten einige Absprachen für den Umzug getroffen. Für die neue Wohnung musste eine Ablöse für Küche, Möbel und Badeinrichtung gezahlt werden.

Insgesamt waren es 3.600 Euro. Sie schlug vor, dass sie ihren Bauspar-Vertrag auflösen und dieses Geld vorstrecken würde. Ich würde ihr dann nach dem Umzug die Hälfte in Raten zurückzahlen, damit uns beiden die Hälfte von allem gehörte.
In den letzten zwei Wochen vor

dem Umzug verkaufte ich meine sämtlichen Möbel – zum einen, weil wir vieles durch ihren Haushalt doppelt hatten, zum anderen, um Platz im Umzugswagen zu sparen und mir ein finanzielles Polster zu schaffen, damit ich auch etwas beisteuern konnte.

Ich wollte mich nicht von ihr aushalten lassen. Ich hatte wegen der Ablöse schon ein schlechtes Gewissen. Aber Kristin beruhigte mich und sagte: „Es ist alles gut. Ich mache es ja für uns. Und du zahlst es mir zurück, wenn du kannst".
Auch wenn ich dabei immer noch ein schlechtes Gefühl hatte: Eine andere Lösung gab es momentan nicht. Was sie noch nicht wusste war, dass ich in der Woche vor dem Umzug zwei Vorstellungs-gespräche ergattert hatte. Ich wollte sie an unserem ersten

Abend in der neuen Wohnung damit überraschen. Sie sollte sehen, wie wichtig sie mir war und dass ich alles für ein neues Leben mit ihr tun wollte.

Donnerstag, 21.08.14

Wir kannten uns nun zwei Monate und waren durch viele Höhen und Tiefen gegangen.

Aber in einer Sache waren wir uns immer sicher gewesen: Wir liebten uns und wir wollten uns, egal welches Problem sich uns in den Weg stellte.

Nun war er gekommen, der Tag an dem dieses „uns" endlich beginnen sollte.

Ich fuhr mit dem Zug zu ihr. Der Plan: Zwei Tage bei ihr bleiben und die Stadt kennenlernen. Sie würde Donnerstag und Freitag noch arbeiten und danach direkt zu mir kommen, dann würden wir im Hotel schlafen.

Am Samstag wollten wir mit dem Umzugswagen nach Emden

fahren, meine Sachen holen und am Sonntag wieder in die neue Heimat zurückkehren.

Ja, so war es geplant. Doch es sollte alles ganz anders kommen. Und ich würde alles dafür geben, wieder an den Anfang dieses Donnerstags zurückspringen zu können.

Die zwei Tage bei ihr waren wunderschön. Seit diesem Donnerstag lebte sie nicht mehr bei ihrem Mann. Wir trafen uns nach ihrer Arbeit, schlenderten durch die Stadt und gingen essen. Danach übernachteten wir im Hotel.

Ich werde nie vergessen, wie wir im Zimmer ankamen und ab diesem Moment nicht mehr die Finger voneinander lassen konnten, als wären sie magnetisch.

Wir küssten uns sehr intensiv und ich bemerkte, wie sich ihre Lust sogar durch die Jeanshose abzeichnete. Dieses Gefühl, dass der andere so auf einen abfährt, kannte ich bisher nicht und es machte mich so unglaublich glücklich und sicher, dass sie es ernst meinte und einer glücklichen Beziehung nichts mehr im Wege stand.

Die beiden Hotelübernachtungen rissen schon das erste kleine Loch in meinen Geldbeutel, aber bald würden wir in unserer Wohnung sein und es warteten ja die beiden Vorstellungsgespräche auf mich, also würde bestimmt alles gutgehen.
Ich war an diesen beiden Tagen sehr glücklich, auch darüber, dass wir den Umzugswagen so günstig bekommen hatten. Ein ansässiger Möbelladen vermietete am Wochenende seine Sprinter für

einen Pauschalpreis von 39 Euro. Es kamen dann nur noch die Spritkosten dazu. Günstiger konnten wir es nun wirklich nicht mehr bekommen.

Dann war er da, der Samstag, unser Umzugstag. Wir konnten den Wagen erst ab 17 Uhr haben. Also spazierten wir vorher noch durch die Möbelläden und träumten ein wenig von den Möbeln, die wir gerne in unsere Wohnung stellen würden. Es war ein schönes Gefühl, aber ich merkte auch, dass wir beide sehr angespannt waren. Wir wollten sofort den Wagen holen und losfahren. Unser neues Leben sollte doch nun endlich beginnen.

Um kurz vor 17 Uhr holten wir dann den Wagen. Kristin unterschrieb den Vertrag und wir fuhren los, um uns noch ein wenig mit Essen und Getränken zu versorgen. Beim Blick auf den unterschriebenen Vertrag fiel uns plötzlich etwas auf. Freie Kilometer? 150? Aber Kristin hatte doch dort angerufen und sie meinte sich erinnern zu können, dass davon keine Rede war.

Oh mein Gott! 150 km waren also frei. Wir wollten aber rund 1.600 km damit fahren. Und pro zusätzlichem Kilometer wurden 0,36 Cent fällig. Wir blieben stehen und rechneten es durch. Oh nein, das war ja viel teurer, als wenn wir uns einen richtigen Wagen von einer Firma wie Sixt oder Europcar gemietet hätten!

Was nun? Kristin war im Bauhaus, um noch eine Sackkarre zu organisieren und ich rief wie ein Weltmeister sämtliche Firmen an, um einen günstigeren Wagen zu bekommen.

Aber es war Samstag nach 18 Uhr.

Entweder hatten die Unternehmen nicht mehr geöffnet, der passende Wagen war nicht mehr da oder die Freikilometer waren zu wenige, als dass der Preis sich verringern würde.

Wir fragten uns: „Mist, was machen wir nun?"

Die ganzen Anrufe brachten also nichts und wir waren auf diesen Wagen angewiesen. Denn ich musste am nächsten Tag auch meine Wohnung leergeräumt haben und somit standen Kristin und ich beide unter immensem Druck.

Als wir auf der Autobahn waren, bekamen wir den nächsten Schrecken. Der Wagen war auf 100 km/h gedrosselt. Es gab also nicht ansatzweise die Möglichkeit, den Zeitplan einzuhalten. Nachts um 1 wollten wir eigentlich schon in Emden sein, stattdessen hatten wir aber noch 200 km vor uns.

Also entschieden wir uns dafür, auf einem Autohof ein Zimmer zu nehmen. Da wir aber erst gegen 2 Uhr auf dem Zimmer waren, konnten wir nur vier Stunden schlafen.

Am Morgen wurde schnell etwas gegessen und weiter ging es. Ich merkte zu diesem Zeitpunkt schon, dass wir beide nervlich angeschlagen waren. Ich wünschte, ich hätte sie damals zur Seite genommen, mit ihr einmal tief durchgeatmet und neue Kraft gesammelt.

Aber leider tat ich das nicht.

Mittags um 12 Uhr kamen wir bei mir an. Eigentlich wollten wir uns noch ein paar Stunden hinlegen und eingepackt werden musste auch noch einiges. Sie half mir sehr, aber dann meldete sich mein Vermieter und wollte noch eine Wohnungsbesichtigung machen. Also ließ ich diese in dem Chaos auch noch über mich ergehen.

Dann wollte Kristin sich noch ein wenig hinlegen. Aber nach ein paar Minuten kam sie wieder und sagte: „Ich kann nicht schlafen". Ich merkte zu diesem Zeitpunkt bereits, wie fertig wir beide waren.

Also sagte ich zu ihr: „Schatz, komm her. Wir setzen uns eine halbe Stunde hin, machen die Glotze an und kommen mal wieder runter". Natürlich waren wir sowieso schon zu spät dran, aber wir waren beide am Ende. Ich fand, dass es auf die halbe Stunde nun auch nicht mehr ankäme – aber wir würden so vielleicht ein wenig Energie tanken können.

Was ich zu diesem Zeitpunkt nicht ahnte war, dass Kristin diese Idee ganz schrecklich fand und lieber einfach weitergeackert hätte.

Doch anstatt es mir zu sagen, behielt sie es für sich. Und das, obwohl eines unserer wundervollen Dinge immer gewesen war, dass wir über alles miteinander reden konnten. Mit ihrem Mann konnte sie genau das nicht. Sie sagte mir einmal: „Ich weiß nicht, warum es so ist, aber bei dir fühle ich mich so geborgen, dass ich dir alles erzählen kann. Ich habe vor nichts Angst". Doch in diesem Augenblick fiel sie wieder in ihr altes Ehemuster zurück. Sie schwieg und ihr fehlte der Mut.

Dann fingen wir an, die Sachen in den Wagen zu tragen. Ich muss dazu sagen, dass wir beide das alles allein gestemmt haben: Kristin, ich und 20 Kartons, eine Couch, ein Kühlschrank, ein Fernseher usw. Es war wirklich hart.

Gegen 21 Uhr waren wir fertig und wussten sofort, dass wir nicht bis zum nächsten Morgen durchfahren konnten.

Also machten wir in der Nacht noch einmal Halt auf einem Autohof mit einem Hotelzimmer. Die Kosten wurden übrigens immer geteilt. Die beiden Nächte in der Vorwoche hatte ich gezahlt, bei den beiden Autohöfen hatte eine Nacht ich und eine sie übernommen. Ebenso streckte sie den Sprit vor. Ich wollte immer so fair wie möglich bleiben.

Nur hingen wir mit dem Zeitplan völlig hinterher. Denn Montag früh um 9 Uhr sollte der Wagen wieder abgegeben werden. Und weil er vorher ja noch ausgeladen werden musste, hatten wir mit dem Vermieter 6 Uhr morgens für die Schlüsselübergabe vereinbart. Doch beide Termine konnten wir nun nicht mehr einhalten.

Im Hotel angekommen schrieb ich dem Vermieter eine SMS, dass wir es nicht schaffen würden. Für ihn war es okay und wir verschoben die Übergabe auf 15 Uhr. Weil Kristin sich den ganzen Morgen wegen des Wagen extreme Sorgen machte, rief ich dort an und sagte, dass wir es erst schaffen würden, ihn gegen 15 Uhr abzugeben.
Doch leider sollte ich damit nicht Recht behalten. Gegen 15 Uhr

kamen wir erst in Augsburg an.

Um 17 Uhr sollten wir nun die Schlüssel bekommen und dann musste der Wagen noch ausgeladen werden.

Wir hatten bis dahin also noch zwei Stunden Zeit. Diese füllten wir, indem wir zur Bank fuhren und sie das Geld vom Bauspar-Vertrag holte, um dem Vermieter die Ablöse geben zu können. Neben der Bank war ein kleines italienisches Restaurant, in dem wir etwas aßen. Es schien sich alles wieder etwas entspannt zu haben, denn wir lächelten uns an, küssten uns und freuten uns darauf, wenn die Wohnung gleich uns gehören würde.

Nach dem Essen fuhren wir zur Wohnung und machten die Schlüsselübergabe.

Jetzt sah ich die Wohnung zum ersten Mal richtig. Ich war begeistert und stolz auf meine Süße. Sie fragte mich mit einem Lächeln: „Na, gefällt sie dir?". Und ich lächelte zurück und nickte mit dem Kopf.

Aber der Druck war für uns beide noch immer da: Wagen ausladen und schnell zurückbringen. Und wie schon in Emden waren wir hier wieder nur zu zweit. Da kam uns eine Nachbarin entgegen und sagte: „Warten Sie, ich frage meinen Sohn, der kann helfen." – eine sehr liebe Geste.

Als der Sohn (auch schon um die 50) aus der Tür kam, sagte ich : „Das ist ganz lieb, wir zahlen Ihnen auch gerne etwas für Ihre Hilfe". Er lehnte aber gleich ab und sagte: „Nee nee, das will ich nicht".

Also räumten wir die Sachen wieder aus. Und obwohl wir einer mehr waren, war es diesmal viel anstrengender. Denn es ging in den zweiten Stock und unsere Kräfte ließen nach den letzten zwei Tagen wirklich zu wünschen übrig.

Jede einzelne Stufe zog sich wie Kaugummi.

Mittendrin rief die Firma wegen des Wagens bei Kristin an und machte wohl sehr großen Druck. „Bis 20 Uhr muss er da sein, sonst gibt's echt Ärger", hieß es. Und Kristin war innerlich wieder auf 180. Es konnte jetzt nicht schnell genug gehen.

Um 19:20 Uhr waren wir fertig mit dem Ausräumen. Mein Engel versuchte, dem Mann danach Geld in die Hand zu drücken. Er wollte es aber nicht. Er sagte: „Ich bin Ihr Nachbar, ich mache das gerne". Kristin unterschätzte den Stolz des türkischen Nachbarn und sagte immer wieder: „Bitte nehmen Sie das Geld, ohne Sie wären wir aufgeschmissen gewesen".

Am Schluss nahm er es widerwillig und murmelte: „Wenn noch mal was ist, bitte lieber nicht mich fragen". Ich weiß, dass sie es nur gut meinte und innerlich am Ende war …

Folgendermaßen sollte es nun weitergehen:

Thomas hatte Stunden zuvor einen weiteren Wagen gemietet, in den sie am nächsten Tag ihre Sachen einladen und in unsere Wohnung bringen sollte.

Also wollte sie jetzt unseren Wagen zurückbringen und sich von ihrem Mann abholen lassen, um sich von Zuhause Klamotten und Kosmetika zu holen.

Dann kam der alles entscheidende Augenblick, die Situation, die alles verändern sollte. Kristin, wollte den Wagen zurückbringen und ich fragte sie: „Wann bist du wieder da?". „So gegen 22 Uhr", antwortete sie. Wir nahmen uns in den Arm, küssten uns und sie sagte: „Ich lieb dich". Dann fuhr sie ab.

Ich brachte die letzten Sachen in die Wohnung und fing an, die ersten Dinge auszupacken.

Das Bett stand, auch die Couch und ich begann, viele Kerzen aufzustellen. Ich wollte sie nach den anstrengenden Tagen besonders willkommen heißen. Und dann wollte ich ihr ja noch verraten, dass ich schon am nächsten Tag ein Vorstellungsgespräch um 10 Uhr morgens hatte. Ich freute mich so sehr darauf, sie zu sehen und ihr das zu sagen.

Sie brachte unterdessen den Wagen zurück. Was dann geschah, kann ich nur vermuten. Weil ich aber behaupte, sie gut einschätzen zu können, fällt es mir leicht zu erahnen, was passierte.

Natürlich gab es bei der Wagenrückgabe einen riesigen Anpfiff und sie hatte ja schon ein unheimlich schlechtes Gewissen. Der Druck der letzten zwei Tage steckte in ihr, die Müdigkeit und der ganze Stress. Und dann präsentierten sie ihr eine saftige Rechnung mit 630 Euro Nachzahlung!

Nachdem sie diese Summe bezahlt hatte, fiel Kristin in ein großes emotionales Loch. Es wurde ihr alles zu viel und bestimmt flossen Tränen. Was hätte ich mir gewünscht? Dass sie mich sofort angerufen und gesagt hätte: „Schatz, mir geht's gerade richtig schlecht. Ich brauche dich jetzt, bitte komm her". Und ich hätte alles stehen und liegen lassen und wäre natürlich sofort gekommen. Aber wie es ja geplant war, kam ihr Mann und er nutzte jede erdenkliche Chance.

Kristin war emotional am Boden und er redete gewiss über Stunden auf sie ein:

„Was gibst du auf? Was bietet der dir? Er kommt ohne Job und wahrscheinlich darfst du ihn noch durchfüttern". Und mittlerweile bin ich mir auch gar nicht mehr sicher, ob er nicht auch von der anstehenden Haftstrafe wusste.
„Hier hast du Sicherheit. Wir sind verheiratet. Ich bin dein Mann. Gib mir doch eine Chance, dir zu beweisen, dass wir es schaffen können."

Ich saß derweil in der Wohnung und bereitete alles vor. Die Kerzen waren an, es war (so wie es auf die Schnelle ging) gemütlich und ich wartete auf meine Kristin.

Bis 22 Uhr wollte sie ja spätestens wieder da sein. Ich schickte ihr ein Foto von den Kerzen und schrieb dazu, wie sehr ich mich darauf freuen würde, dass sie gleich wieder da wäre und unser allererster Abend in unserer eigenen Wohnung beginnen würde.

Die Zeit verging. Es wurde halb 11, 11, halb 12 und schließlich Mitternacht. Ich rief sie auf ihrem Handy an. Es klingelte, doch sie ging nicht ran. Mein Gefühl sagte mir gleich, dass da etwas nicht stimmte. Ich telefonierte mit meiner besten Freundin Anke und diese riet mir schließlich dazu, mit dem Taxi zu Kristin zu fahren.

Es war 1 Uhr nachts, als das Taxi kam. Mit einem ganz miesen Gefühl in der Magengegend fuhr ich die 30 km bis zu ihrem Haus. Ich wusste nicht, was mich da erwarten würde. Mein Herz schlug mir bis zum Hals. Das Taxi war am Ziel und ich zahlte 50 Euro für die Fahrt.

Es fing an, in Strömen zu regnen. Mittlerweile war es halb 2. Ich klingelte. Keiner öffnete und es war alles dunkel. Mein Herz schlug immer schneller. Was würde gleich passieren? Wollte ich das eigentlich wissen? Was war, wenn sie gegen ihren Willen bei ihm festgehalten wurde? Ich ging um das Haus herum, durch den Garten. Wo war sie? Ich kehrte zurück zur Haustür und klingelte ein weiteres Mal.

Dann öffnete Thomas die Tür und sagte: „Verlassen Sie mein Grundstück!". Ich trat einen Schritt zurück und sagte: „Ich möchte Kristin sprechen". – „Nein", war seine barsche Antwort. – „Ich will Kristin sprechen, sonst hole ich die Polizei."

Denn zu diesem Zeitpunkt ging ich davon aus, dass sie nicht ganz freiwillig bei ihm war. Anders konnte ich es mir nicht erklären.

Thomas rief sie dann wiederwillig mit den Worten: „Kristin, komm raus". Sie kam.

Wir gingen die Auffahrt herunter zur Straße und er blieb immer ca. vier bis fünf Schritte neben ihr stehen. Es war der schlimmste Augenblick für mich, seit ich sie kannte.

Sie stand direkt vor mir und sah mich mit großen Augen an. Ich sagte im Regen mit zittriger Stimme: „Kristin, was machst du hier? Warum bist du hier und nicht bei mir?". Und sie sagte mit leiser Stimme: „Weil ich hier bleibe". – „Was?" – „Ja, ich bleibe hier, bei Thomas." Ich wusste nicht, was ich sagen sollte. Es tat so weh, Ich bekam den Mund nicht zu. Ich konnte es nicht fassen.

Nun passierte etwas, das ich noch nie zuvor erlebt hatte. Ich weiß, dass wir noch drei oder vier Minuten dort standen und ich weiß auch noch, dass ich Sätze aus ihrem Mund hörte wie: „Ich hätte dir das eher sagen müssen" oder „Es tut mir so leid". Aber wohl wegen eines Schocks kann ich mich nicht mehr genau an den Inhalt erinnern. Ich hatte einen richtigen Blackout.

Nach diesem Gespräch fuhren mich die beiden zurück in die neue Wohnung. Thomas hatte tatsächlich den Sprinter gemietet und Kristin fuhr. Ich saß neben ihrem Mann. Ich hätte kotzen können. Er drehte die Musik auf und sie lächelten sich an. Ich erkannte aber, dass ihr Lächeln nicht echt war.

Man kann sich nicht vorstellen, wie ich mich in diesen 20 Minuten gefühlt habe, so machtlos und gleichzeitig angewidert. In der Wohnung angekommen sagte sie mir, dass ich schnellstmöglich aus der Wohnung 'raus müsse. Denn der Mietvertrag lief ja nur auf ihren Namen.

Das Ungeheuerlichste war: Er hatte ihr doch wirklich eingeredet, dass ich sofort gehen müsse, damit ich die Wohnung nicht aus Rache verwüsten und sie auf den Kosten sitzen lassen würde.

Ich wusste gleich, dass es nicht ihre Worte waren, die sie da sprach. Aber auf der anderen Seite hatte sie auch nicht einen Moment den Mut, zu sagen: „Thomas, jetzt reicht es. Ich bin an allem genau so schuld wie Frank. Wir haben uns ineinander verliebt. Jetzt bin ich zurück bei dir, aber lass es uns anständig beenden".

Sie sagte mir, dass sie morgen nach der Arbeit vorbei käme, um alles mit mir zu klären. Ich sagte ihr noch: „Komm aber bitte allein. Das ist eine Sache zwischen uns beiden". – „Ja, das tue ich, versprochen."

Dass von ihren Versprechen nicht viel zu halten war, sollte ich in den nächsten Tagen noch öfter zu spüren bekommen. Sie kam am nächsten Tag und ich fragte. „Bist du allein?". – „Ja, aber ich habe nicht viel Zeit." Ich sollte schnellstmöglich 'raus. Aber ich sagte ihr, dass ich nicht in zwei Tagen einen Umzug organisieren könne. „Aber du musst 'raus. Ich weiß nicht, was du mit der Wohnung machst." – „Wie, was ich mit der Wohnung mache?" – „

Ja, ich kenne dich in dieser Situation doch gar nicht." Es war als würde sie mir ein Messer direkt ins Herz stechen. Sie hatte sich in mich verliebt, war heimlich zu mir zu Besuch gekommen, hatte mir mir geschlafen, mit mir zusammenziehen gewollt und mir gesagt, dass sie ein Baby von mir wolle. Und jetzt sagte sie im gleichen Atemzug, dass sie mich nicht kennen würde? Ich konnte es nicht fassen.

Als ginge es mir nicht schon schlecht genug, war dies noch ein zusätzlicher Tritt in die Magengrube. Ich sagte ihr dann, dass ich mich bemühen würde, bis zum Wochenende etwas zu organisieren. Sie hatte auf der Arbeit einen Zettel geschrieben, auf dem stand, dass ich bis zum Wochenende weg sein und für alle Schäden haften solle.

Ich konnte das alles nicht glauben, aber ich unterschrieb den Wisch, um meine Ruhe zu

haben und sie sagte: „Ok, bis zum Wochenende". Dann ging sie, um zehn Minuten später wiederzukommen. Sie war nämlich nicht allein erschienen. Das wusste ich aber schon vorher. Denn sie hatte sich kurz verabschiedet, angeblich, weil sie telefonieren müsse und ich sah die beiden draußen stehen. Mit trauriger Stimme fragte ich: „Kristin, warum lügst du mich an?". – „
Ich kann nicht anders. Ich stehe so unter Druck. Er will dich aus der Wohnung 'raus haben, heute noch." Und als sie wieder herein kam, ging das Thema wieder von vorne los. „Frank, du musst gehen, heute noch!" – „Wo soll ich denn hin? Spinnst du?" So ging es hin und her, bis Thomas dazukam und fragte: „Was ist denn nun?". Ich sagte: „Ich gehe heute nicht, denn Kristin und ich haben eine Abmachung getroffen

und die zählt nun". – „Okay, dann rufen wir die Polizei." – „Dann mach das." So ging es eine Weile hin und her. Sie bat mich, zu gehen und er blaffte immer dazwischen: „Kristin, ruf die Polizei, ruf die Polizei". Nicht einmal bremste sie ihn. Nicht einmal sagte sie: „Nun halt 'mal die Luft an. Es ist meine Wohnung, ich stehe im Mietvertrag". Es tat so weh, zu sehen, dass sie seine willenlose Marionette war.

Nachdem ich ein weiteres Mal gesagt hatte, dass ich hier und jetzt nicht verschwinden würde, gingen sie hinaus und riefen die Polizei.

Ich konnte das Gespräch nicht hören, zog Jacke und Schuhe an und wartete vor dem Haus. Da trafen mit Blaulicht Polizei und Krankenwagen ein. Da hatte er sie doch tatsächlich dazu gebracht, weil die Polizei wegen der Wohnung allein nicht gekommen wäre, zu sagen, ich hätte meinen Selbstmord angedroht!

Ich konnte das alles nicht fassen. Nachdem sie ihre Aussage gemacht hatte, kamen die Beamten zu mir und fragten, ob ich freiwillig mit ins Krankenhaus käme, um mich einer Psychologin vorzustellen. Ich wusste, wenn ich nein sage, dann würden sie mich trotzdem mitnehmen. Also sagte ich: „Na klar, schauen wir einmal, ob ich mich umbringen will".

Ich wurde mit dem Krankenwagen ins städtische Krankenhaus gefahren.

Nach 90 Minuten und einem Gespräch bei einer Psychologin, die zu den Beamten sagte: „Ich habe schon lange keinen mehr gesehen, der so viel Scheiße an einem Tag erlebt hat", durfte ich dann gehen.

Als ich wieder in der Wohnung war, merkte ich, dass die beiden noch einmal oben gewesen waren, denn die Sicherungen waren alle ausgeschaltet – super Aktion.

Ich kümmerte mich um meinen Rückumzug und ein guter Freund aus NRW bot mir an, zu mir nach Augsburg zu fahren und mit mir meine Sachen zu holen.

Am Mittwoch telefonierten Kristin und ich am Nachmittag, sie war auf der Arbeit. Endlich sagte sie mir die Dinge, die ich mir schon lange gedacht hatte. Sie würde mir nie so etwas zutrauen, aber er hatte auf sie eingeredet und sie hatte nur noch reagiert.

Das Gespräch war sehr emotional, vor allem, weil sie mir als Grund für die Trennung nur das Wochenende nannte. Ich konnte das aber nicht glauben. Ja, dass das alles sie verunsicherte, okay. Aber den letzten Rest hatte Thomas in den sechs Stunden erledigt.

Zusammen mit dem Schlafmangel und dem körperlichen Befinden war es ihr dann zu viel geworden, war sie innerlich zusammengebrochen und nicht mehr gegen ihn angekommen.

Aber all das reichte mir eigentlich als Erklärung nicht aus. Ich hatte alles aufgegeben und hinter mir gelassen. Und sie gab uns keine Chance? Bei der erstbesten Gelegenheit schmiss sie hin? Hatte ich das verdient?

In diesem Telefongespräch am Mittwoch sagte sie mir auch, dass er auf keinen Fall wolle, dass sie weiterhin Kontakt mit mir hätte. Ich merkte aber schnell, dass es nicht das war, was sie wollte.

Ich wollte auf jeden Fall den Kontakt beibehalten, egal wie. Und ich bat sie darum, dass wir doch zumindest eine Freundschaft versuchten. „Kristin, ich brauche dich während der Haftzeit. Du hattest mir doch versprochen, dass du zu mir stehst und wir das gemeinsam schaffen."

Wenig später schrieb sie mir in einer E-Mail: „Ja, ich werde den Kontakt mit dir halten. Und auch, wenn es sich aus meinem Mund komisch anhört: Ich freue mich sogar darauf."

Okay, dachte ich mir, der erste Schritt der Mission „Kristin zurückerobern" ist getan.

Dann sagte ich ihr, dass ich sie auf jeden Fall noch einmal sehen wollte, bevor ich ginge – und bitte allein.

So kam es dann auch. Am folgenden Donnerstag und Freitag haben wir uns in ihrer Mittagspause allein getroffen.

Wir saßen auf einer Bank und redeten ausführlich. Sie sagte einige Dinge, die nicht so 'rüberkamen, als wäre sie selbst davon überzeugt. Denn ihre Augen sagten mir etwas ganz anderes. So erklärte sie beispielsweise: „Thomas und ich lernen uns gerade neu kennen". – „Liebst du ihn?", wollte ich wissen. „Wieder mehr", antwortete sie. Als ich ihr sagte: „Ich sehe in deinen

Augen, dass du mich noch liebst", kam als Antwort: „Aber nicht genug".

All diese Dinge konnten mich nicht überzeugen. Einmal wollte ich ihre Hand nehmen und sie zog sie weg, bei einem anderen Mal nahm sie meine Hand und drückte sie ganz fest.

Am Freitag sagte ich zu ihr: „Kristin, ich hab noch einen letzten Wunsch". Sie fragte: „Soll ich den Satz sagen?". – „Ja ..." – „Du möchtest einen Abschiedskuss." Ich nickte verlegen.

Unsere Gesichter näherten und unsere Augen schlossen sich.

Ich streichelte ihre Wange und es war wie bei unserem ersten Kuss, so sanft, zart, behutsam und voller Gefühl. Der Kuss dauerte etwa 20 Sekunden. Und währenddessen lief mir eine Träne aus dem Auge.

Wie immer nach unseren Küssen pressten wir beide unsere Lippen aufeinander und lächelten. Danach gingen wir auseinander.

Nach ihrer Arbeit sahen wir uns aber noch einmal wieder. Ich holte sie ab und begleitete sie. Wir saßen im Bus nebeneinander und ich erzählte ihr davon, dass ich gestern und heute zwei Vorstellungsgespräche gehabt hätte. Sie fragte mich, wo diese gewesen wären und ich erzählte ihr davon. Auf einmal sagte sie: „Hättest du es mir doch eher gesagt, vielleicht hätte das Zeichen geholfen".

Ich konnte diesen Satz nicht fassen. Hatte ich nicht genug gezeigt und aufgegeben?

Also wollte sie mir doch sagen, dass ich an all dem selbst schuld war? Das tat echt weh. In den Minuten der Fahrt waren wir

uns sehr nahe. Wir hielten uns an den Händen und blickten uns immer wieder tief in die Augen. Ich brachte sie zum Bahnhof, denn sie wollte zu ihrer Tante fahren. Sie stieg in die Bahn und ich blieb am Gleis stehen.
Es dauerte noch fünf Minuten, bis sie los fuhr. Wir schauten uns unendlich lange in die Augen. Dann fuhr sie ab.

Kurz danach schrieben wir noch ein wenig. Ich sagte: „Sei mir nicht böse, dass ich gerade so war". Sie antwortete: „Es gibt keinen Grund, dir böse zu sein. Du hast jedoch umgekehrt jeden erdenklichen Grund".

Seit wir am Montagnachmittag vor der Schlüsselübergabe beim Italiener essen waren, hatte ich nichts mehr gegessen, also seit mittlerweile sechs Tagen. Das komische war, dass ich gar keinen Hunger hatte. Ich bekam einfach nichts 'runter. Alles schnürte sich zu. Es fühlte sich an, als würde mein Körper trauern und wenn ich wieder aß, dann würde es bedeuten, dass ich es akzeptiert hätte.

Das hatte ich aber noch lange nicht. Also aß ich auch weiterhin nichts. Zwei Flaschen Wasser am Tag reichten mir. Ich hatte seit dem Montag bereits 6 kg abgenommen.

Sie schrieb dann in der Bahn weiter. „Ich bestehe darauf, dass du etwas isst". – „Aber dann müsste ich ja auch auf einer Sache bestehen und die willst du ganz bestimmt nicht hören." – „Und wenn ich es doch wissen will?", schrieb Kristin. „Dann sag ich es dir jetzt." – „Okidoki, dann mache ich mich bereit." Also fing ich an, zu schreiben:

„Wenn du ein Menü in meinen Bauch zaubern möchtest, dann dreh jetzt um, komm zurück, hol mich ab.
Dann fahren wir in unsere Wohnung, rufen den Vermieter an, sagen ihm, dass die Wohnung aufzugeben der größte Fehler unseres Leben war, du bleibst die Nacht bei mir und morgen holen wir deine Sachen ab. Wir richten unsere Wohnung ein, ich suche mir sofort einen Job und unser Leben startet ... Siehst du, ich habe doch gesagt, du willst es nicht hören!".

Ihre Antwort darauf war: „Aber es ist schön zu lesen, wie es gewesen wäre, wenn wir es gemacht hätten".

Als ich das las, liefen mir die Tränen übers Gesicht.

Eine solche Antwort gab doch keine Frau, die sich sicher war, dass sie mit ihrem Mann von neuem beginnen will. Sie verunsicherte mich so sehr.

„Kristin, warum wagst du es nicht?", schrieb ich ihr. „Warum fehlt dir der Mut? Warum gibst du uns nicht diese eine Chance? Du wirst nie erfahren, wie es gewesen wäre. Du wirst dich dein ganzes Leben lang fragen. Wirst du damit leben können?" – „Ich weiß nicht, ob ich es kann. Ich weiß es wirklich nicht.", gab sie zur Antwort.

„So, ich muss nun aussteigen. Es wird ein wenig dauern, bis ich mich wieder melden kann. Bis später." – Dies waren die letzten normalen Worte, die wir miteinander wechselten. Hätte ich das gewusst, dann hätte ich vielleicht andere letzte Worte gewählt. Denn sie meldete sich an diesem Abend nicht mehr.

Mit dem Auszug war so weit alles geklärt. Ich würde am Montag gehen, die Schlüssel dalassen und die Tür einfach hinter mir zuziehen. Wir würden, so schien es, weiterhin Kontakt haben und schauen, was die Zukunft brächte. Doch ich musste mich schon wieder eines Besseren belehren lassen.

Als ich ihr am Donnerstag die „offizielle" Mail schickte, wann ich ausziehe und als Anhang die Reservierungsbestätigung mitsandte,(die ja für Thomas war) sagte sie mir schon, dass ich noch einmal eine „offizielle" Antwort bekommen würde. Doch diese Antwort war keine, mit der ich auch nur ansatzweise gerechnet hatte.

Samstagvormittag bekam ich folgende Zeilen geschickt:

„Hallo Hr. Battermann,

Bezug nehmend auf Ihre E-Mail vom 28.08.2014 fordere ich Sie hiermit auf, die Wohnung – wie vertraglich
vereinbart – zum 30.08.2014 zu räumen.

Es werden gerade Termine mit Nachmietern vereinbart, außerdem benötige ich die Wohnung zur eigenen Nutzung. Jede weitere Verzögerung führt zur Anwendung des Hausrechts und ich werde Sie ohne weitere Vorwarnung polizeilich der Wohnung verweisen lassen.
Außerdem werde ich zivilrechtliche Forderungen gegen Sie geltend machen."

Was? Es war doch so besprochen, dass ich am Montag ginge.
Nun sollte ich heute direkt 'raus? Ich ging, als ich die Mail las, davon aus, dass Thomas sie geschrieben hatte oder zumindest Kristin diktierte.
Ich hätte natürlich ahnen müssen, dass er nun auch neben ihr saß und mitbekommen würde, wenn ich ihr antwortete. Aber so weit dachte ich in diesem Augenblick nicht. Ich war nach dieser Mail nur völlig geschockt – weniger vom Inhalt als vom Ton. Ich schrieb ihr über WhatsApp zurück: „Ich hoffe, es bleibt dabei, wie es geplant war, dass ich bis Montag bleiben kann".

Als Antwort kam wenige Minuten später: „Die E-Mail bedeutet genau das, was darin steht. Die Wohnung ist, wie vereinbart, heute zu räumen".

Meine Antwort lautete: „Okay, dann kann ich leider auch nicht mehr anders und werde mir jetzt Hilfe holen. Und ob ich alle Geheimnisse, die es zwischen uns gibt, weiter zurückhalten kann, kann ich nicht versprechen. Ich lasse nicht alles mit mir machen. Auch wenn er gerade neben dir sitzt. Jetzt ist Schluss mit deiner Tour, dich von ihm erpressen zu lassen!".

Ich rief den Vermieter an und fragte ihn, ob er damit einverstanden wäre, dass ich bis Montag bliebe. Er sagte, dass er nichts dagegen hätte, aber er ihr als Mieterin nicht vorgreifen könne. Er würde sie jetzt anrufen und das klären.

Einige Minuten später rief er zurück und sagte, dass es okay sei. Ich würde gleich noch eine Nachricht bekommen.

Und dann kam sie, die allerletzte Nachricht. Ob sie nun von ihm oder ihr war, oder von ihm diktiert wurde, kann ich nicht sagen. Sie lautete jedenfalls: „

Montag bist du 'raus. Es war alles meine Entscheidung. Bitte akzeptiere es. Wenn du es schlimmer machen willst, kann ich es auch".

Durch Zufall lief ich am Abend den netten Nachbarn über den Weg, die uns beim Einzug geholfen hatten. Sie sahen, dass ich traurig war und fragten mich, ob ich nicht Lust hätte, auf einen Tee hereinzukommen. Das tat ich und erzählte ein wenig von den vergangenen Tagen. Die Nachbarn waren die ersten, die mir sagten, dass unsere Geschichte noch nicht zu Ende erzählt sei: „Warten Sie ab und lassen Sie alles ein wenig ruhen.

Glauben Sie mir, Sie sind in ihrem Herzen. Das habe ich gleich am Einzugstag gesehen".

Dann fragten sie mich, warum ich denn nicht in Augsburg bliebe und ich machte mir zum ersten Mal ernsthaft Gedanken über diese Frage. Aber 48 Stunden später wollte ich fahren. Wie sollte ich so schnell eine Wohnung finden oder wo erst einmal meine Sachen unterbringen?

Der Nachbar telefonierte durch die Gegend, rief seine Freunde und Kollegen an und fragte nach Unterstell-Möglichkeiten oder einer Unterkunft. Wow, was für eine Hilfsbereitschaft! Doch es war Samstagabend und kaum einer war zu erreichen. Er sagte: „Wenn sie ein paar Tage eher gekommen wären, dann hätten wir auf alle Fälle irgendwas organisiert. Aber in zwei Tagen fliegen wir für zwei Wochen in die Türkei".

Der Samstag und Sonntag waren die schlimmsten Tage in dieser ganzen Woche. Jede Stunde, die verging, entfernte mich von ihr. Ich konnte das alles nicht verstehen.

Wie hatte es nur so weit kommen können? Ich packte meine Sachen und musste dabei ständig weinen. Nie zuvor hatte ich mich so machtlos und verloren gefühlt.

Am Montagvormittag konnte ich nicht anders. Ich schrieb Thomas ein paar Zeilen, die ich unbedingt noch loswerden wollte.
Ich hatte nicht die Hoffnung, dass sie an der Situation etwas ändern würden, aber ich bin mir bis heute sicher, dass diese Zeilen ihren Zweck nicht verfehlen werden – nämlich, dass er sich Gedanken

darüber macht und sie so schnell auch nicht aus seinem Kopf herausbekommt.

Dies war meine letzte Nachricht an ihn:

„Du kannst gerne glauben, dass du es geschafft hast. Aber eines wirst du nie schaffen: Du wirst mich niemals aus ihrem Herzen herausbekommen. Ich liebe Kristin über alles und ich sehe ihr in die Augen und weiß, dass es ihr genauso geht. Da kannst du ihr auch weiterhin alles Mögliche einreden und mich schlecht machen.

Gegen unsere Gefühle wirst du nie etwas ausrichten können. Die Zeit, die wir zusammen verbracht haben, war die schönste und intensivste in unserem Leben. Sie hat Träume und Wünsche mit mir geteilt, die sie mit dir niemals hatte. Und auch, wenn es hart klingt, was ich schreibe: Du hast ihr die Chance genommen, wirklich glücklich zu werden. Und ich hoffe, du kannst damit leben. Es fiel zwischen Kristin und mir ein Satz, den du dir in einer ruhigen Minute mal durch den Kopf gehen lassen solltest. Er heißt: „Und wenn man etwas wirklich liebt, dann sperrt man es nicht ein".

Sie ist nicht wieder bei dir, weil du ihr Herz gewonnen hast, sondern weil du ihre Ängste und Unsicherheiten geschürt hast. Und nur, weil ich jetzt aus ‚unserer' Wohnung heraus bin, bin ich es nicht aus ihren Gedanken und ihrem Herzen. Denn sie wird dich niemals so ansehen, küssen und berühren wie mich.

Ich bin wahrlich nicht perfekt und habe meine Fehler. Aber ich liebe sie über alles und das wird immer so sein".

Zwei Stunden später ging ich ein letztes Mal durch die Wohnung, machte ein Beweisvideo, dass die Wohnung in einem 1A-Zustand zurückgelassen wurde, legte die Schlüssel auf den Schrank und schloss mit Tränen in den Augen die Tür hinter mir zu.

Zum Glück bekam ich meine alte Wohnung wieder und auch das nur mit viel Glück. Denn am selben Nachmittag wäre der Mietvertrag von jemand anderem unterschrieben gewesen.

Als ich aber meinem Vermieter und seiner Ehefrau alles erzählte, bekam ich direkt danach eine SMS mit den Worten: „Herr Battermann, kommen Sie wieder zurück, Ihr Heim wartet auf Sie". Was für tolle Menschen!

Thomas habe ich auf WhatsApp blockiert, aber er mich nicht. Warum löschte oder blockierte Kristin mich nicht? Warum war sie immer direkt online, wenn ich etwas schrieb, antwortete aber nie?

Sie wusste, dass meine Haftzeit bald begann, kannte aber das genaue Datum nicht und somit musste Sie jeden Tag damit rechnen, dass ich auf einmal nicht mehr erreichbar war.

Ich hatte Angst, Angst davor, dass ich nun monatelang von der Bildfläche und aus ihren Gedanken verschwinden würde.

Eine Woche nach meinem Rückumzug wollte ich ihr ein besonderes Geschenk machen. Ich sprach unsere komplette Geschichte ein, mischte Musik dazu und machte daraus eine Art Hörbuch. Es war in sieben Teile unterteilt.

Als der erste Teil fertig war, schrieb ich ihr auf der Arbeit über WhatsApp, dass ich ihr gerne etwas an ihre Arbeits-Mailadresse schicken würde und ob sie gerade am Platz säße. Ich bekam keine Antwort. Ein paar Minuten später schrieb ich ihr noch: „Ich schicke es dann jetzt ab. Wenn du nicht am Platz bist oder ich es woandershin schicken soll, dann sag mir Bescheid. Wieder las sie, antwortete aber nicht. Also sandte ich es ab.

Ich bekam die Nachricht, dass es nicht angekommen sei.

Ich probierte es ein zweites Mal mit dem selben Ergebnis.

Also dachte ich mir, dass die Datei vielleicht zu groß sei und wollte sie auf der Arbeit anrufen – leichter gesagt, als getan. Ich hatte wahnsinniges Herzklopfen und drückte mit zittrigen Fingern die Tasten. Ihre Arbeitskollegin ging ran und ich gab mich unter falschem Namen als Kunde aus, der Kristin gerne sprechen wolle. Darauf sagte mir die Kollegin, dass Kristin die ganze Woche im Urlaub sei.

Jetzt verstand ich gar nichts mehr. Sie nahm es also in Kauf, dass ich die Audio-Datei an ihre Mailadresse schickte und diese von ihrer Kollegin geöffnet und angehört werden könnte.

Auch den Grund dafür habe ich bis heute nicht gefunden. Ich

brannte alle sieben Teile auf eine CD und schickte sie per Einschreiben an ihre Arbeit.

Der Beleg zeigte mir, dass sie die CD bekam, aber es gab keine Reaktion von ihr.

Es war wieder Freitag, als sie die CD bekam.

16.09.14

Alex hatte am nächsten Tag Geburtstag und trotz Schule gingen wir am Abend aufs Emdener Schützenfest. Wir hatten Spaß, fuhren Karussell, naschten und kamen auf andere Gedanken.

Es war kurz nach 21 Uhr, als ich auf mein Handy schaute. Durch die Lautstärke auf dem Markt hatte ich es nicht hören können. Es zeigte einen Facetime-Anruf in Abwesenheit von Kristin.

Ich stelle mir dazu bis heute einige Fragen. Warum hat sie mich per Facetime angerufen? Warum nur einmal? War sie es oder doch Thomas? Warum hat sie nicht gefragt, aus welchem Grund ich nicht rangehe?

War sie vielleicht allein und hat die CD hören können? Hat es sie so berührt, dass sie sich bei mir melden wollte?

Es war Sonntag und es blieben noch drei Tage, bis ich mich freiwillig der JVA stellen würde.

Es war auch der letzte Tag mit Alexander. Mein Sohn würde am nächsten Tag bis zum Ende meiner Haftzeit zu meiner Noch-Ehefrau zurückgehen. Am Nachmittag gingen wir ins Kino. Es war ein komisches Gefühl, dieses Kino zu betreten.

Die letzten beiden Male war ich mit Kristin hier gewesen und es war alles gut. Es berührte mich sehr, wieder hier zu sein. Und ich wollte, dass auch sie es wusste. Also machte ich zwei Fotos. Das erste entstand vor dem Kino, das zweite darin.

Natürlich konnte ich mir denken, dass Thomas an einem Sonntagnachmittag in ihrer Nähe saß. Aber ich konnte nicht anders und ich wollte eine Reaktion provozieren. So konnte es doch nicht weitergehen.

Und ich bekam meine Reaktion. Etwa sieben Stunden später bemerkte ich, dass sie mich auf WhatsApp blockiert hatte. Hatte er es wirklich mitbekommen? Gab es Streit wegen mir? Das alles kann ich nur vermuten.

Die letzten Tage, bis ich gehen musste, waren schlimm. Es zeriss mir das Herz und ich musste immer und immer wieder weinen.

Eine gute Freundin, Meike, holte mich und meine Sachen zu Hause ab und fuhr mit mir zur JVA nach Lingen Damaschke. Bevor wir dort ankamen, fuhren wir genüsslich durch den Drive beim Lingener McDonald's. Es war wie eine Henkersmahlzeit, die wir zu uns nahmen.

Es war Mittwoch, der 01. Oktober 2014, 17:46 Uhr, als ich mein Handy ausschaltete.

Ich nahm Meike zur Verabschiedung in den Arm und ich sah, wie ihr ein paar Tränen die Wangen runterkullerten.

Ich wusste nicht, ob ich je wieder etwas von Kristin hören würde und ich wusste nicht, ob ich die Liebe meines Lebens jemals wiedersehen würde.

An dieser Stelle endet mein erstes Buch – mein Buch mit der Geschichte über Kristin und mich.

Wenn Du denkst: „Wie krass war das denn oder wie kann man diesen Schmerz jemals überwinden?" …

dann sei gespannt, wie es in der Fortsetzung weitergeht. Du erfährst alles über meine Haftzeit in Lingen Damaschke, darüber, wen ich dort alles kennenlernte und wer mich extrem enttäuscht hat. Du erfährst, wie es mit meiner Sehnsucht nach Kristin weiterging und ob sie wieder von sich hat hören lassen. Und Du erfährst alles über meine Freigängerarbeit bei McDonald's.

Dies und noch ganz viel mehr gibt es im zweiten Teil der Freitag-Triologie mit dem Titel: „Und es wird wieder Freitag sein, wenn du zurückkehrst".